BRAIN

AEROBICS

LOGIC
PUZZLES

DAVE TULLER + MICHAEL RIOS

PUZZLE
WRIGHT
PRESS

New York

PUZZLE
WRIGHT
PRESS
New York

An Imprint of Sterling Publishing
387 Park Avenue South
New York, NY 10016

First Puzzlewright Press edition published in 2013.
Parts of this book was previously published under the title
Mensa Math & Logic Puzzles

ISBN 978-1-4549-0965-1

Distributed in Canada by Sterling Publishing
c/o Canadian Manda Group, 165 Dufferin Street
Toronto, Ontario, Canada M6K 3H6
Distributed in the United Kingdom by GMC Distribution Services
Castle Place, 166 High Street, Lewes, East Sussex, England BN7 1XU
Distributed in Australia by Capricorn Link (Australia) Pty. Ltd.
P.O. Box 704, Windsor, NSW 2756, Australia

For information about custom editions, special sales, and premium and
corporate purchases, please contact Sterling Special Sales
at 800-805-5489 or specialsales@sterlingpublishing.com.

Manufactured in the United States of America

4   6   8   10   9   7   5   3

www.puzzlewright.com

Contents

Introduction
5

Puzzles
6

Answers
86

INTRODUCTION

Just how many pencils do you have? You'll need all of them for this collection of puzzles. All of the puzzles in this book are self-contained and can be solved with a healthy dose of logical thinking and just a touch of simple arithmetic. No dictionary or other reference required!

These visually unique puzzles have been inspired by puzzles from around the world. By the time you're finished, you will have followed twisting paths, discovered weather patterns, located fleets of ships, and much more.

The challenges presented here will entertain and confound you for months to come. Are you ready?

Black and White

Each square in the grids below will contain either a black or white circle. When filled in correctly, there will be a single connected group of white circles and a single connected group of black circles in the grid. Cells are connected horizontally and vertically, but not diagonally. Nowhere in the grid can there be a two-by-two group of squares all containing the same color circles.

ANSWERS, PAGE 86

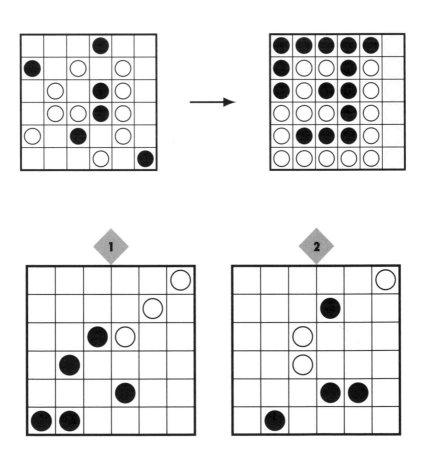

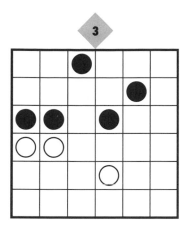

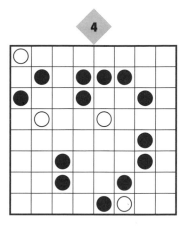

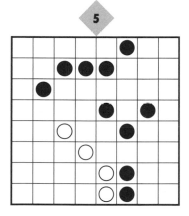

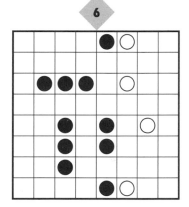

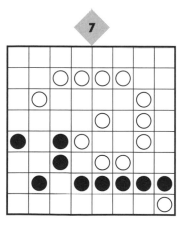

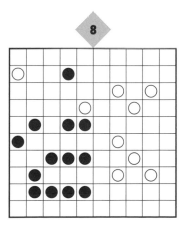

Worms

There are worms crawling about in the diagrams below. The body of the worm (from the head to the tail) travels through a chain of adjacent triangles. Your task is to find the exact path of the body. The body never crosses itself nor doubles back on itself. Triangles with numbers in them indicate the number of adjacent triangles that the worm travels through. Triangles are adjacent only if they share a side. The worm cannot pass through a numbered triangle.

ANSWERS, PAGE 86

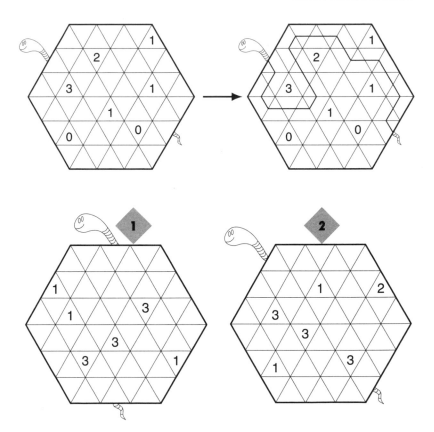

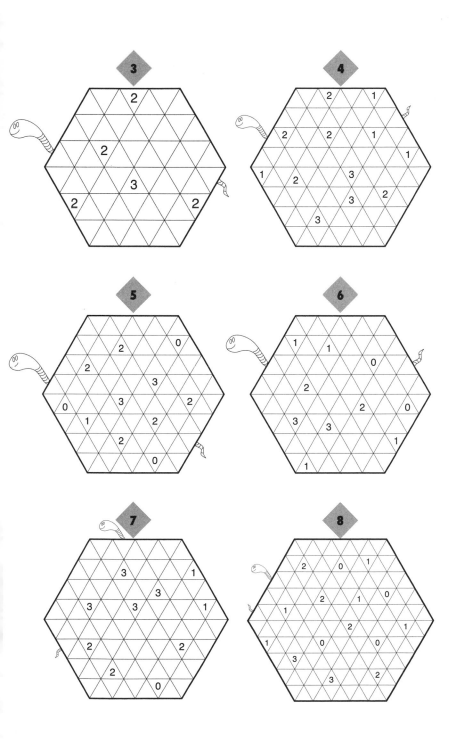

Minesweeper

Ten land mines, each of which occupies one grid cell, have been placed in each of the grids below, and it is your task to find them. The cells with numbers in them indicate the number of mines in the eight squares adjacent to that cell horizontally, vertically, and diagonally. Numbered cells cannot contain mines.

ANSWERS, PAGE 87

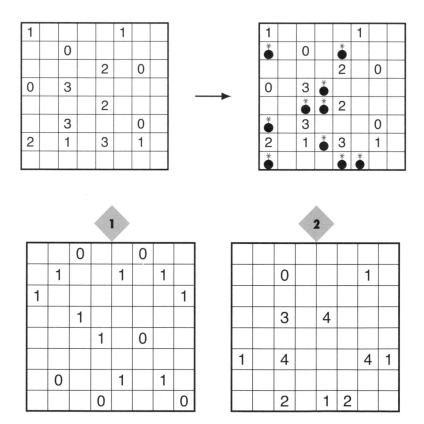

3

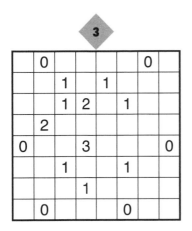

4

5

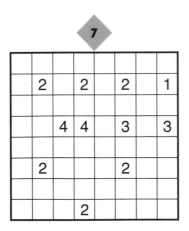

6

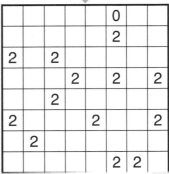

7

8

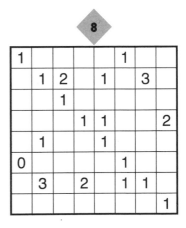

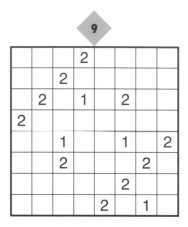
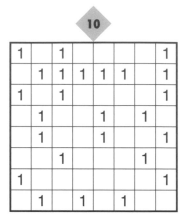
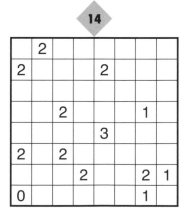

9

		2				
	2					
	2		1		2	
2						
		1			1	2
		2			2	
				2		
			2	1		

10

1		1				1
	1	1	1	1	1	
1		1				1
	1			1		1
	1			1		1
		1				1
1						1
	1		1		1	

11

	3	3	3			
		3			3	
	2		1		2	
		3				

12

	2			0		2
					0	
0		1	2		1	2
	2	1	2		2	
				0	1	
1						2
	0			0		1

13

0		1		0		1
		1			1	
					1	
	3		2		1	0
				2		
		1	3			
	0				0	

14

	2					
2			2			
		2			1	
			3			
2		2				
			2		2	1
0					1	

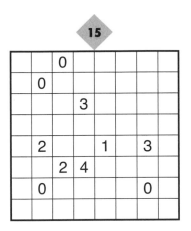

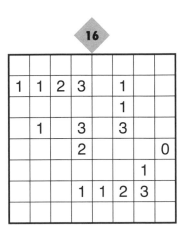

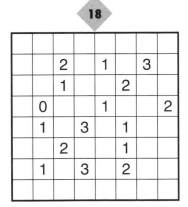

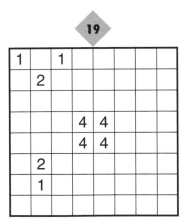

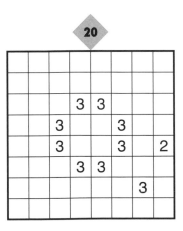

Lighthouses

There are ten ships hidden in each grid. Each ship occupies one of the squares in the grid. Lighthouses, which are numbered squares, have been placed in the grid. No ship can be adjacent horizontally, vertically, or diagonally to another ship or a lighthouse. The number in each lighthouse is the total number of ships seen in the row and column that the lighthouse illuminates (ships do not "block" other ships from being seen; that is, all ships in the row and column of the lighthouse are "seen"). Ships can't occupy spaces with water (wavy lines). Armed with this information, can you locate all of the ships?

ANSWERS, PAGE 90

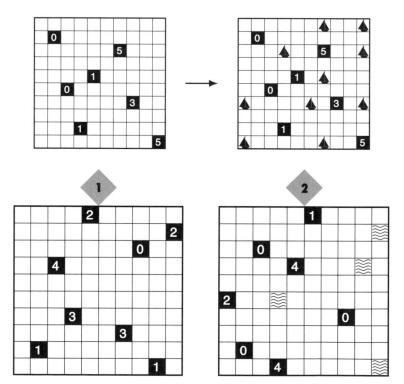

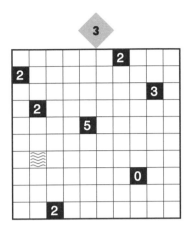

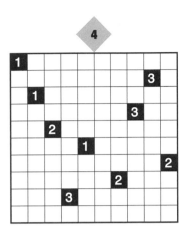

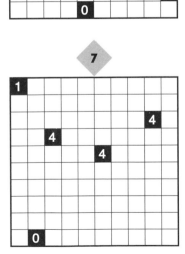

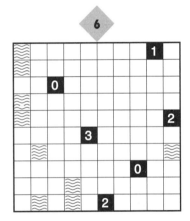

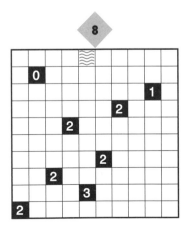

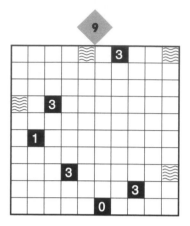

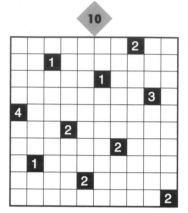

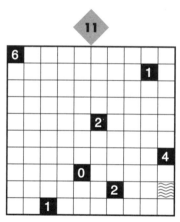

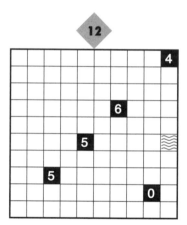

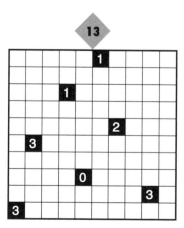

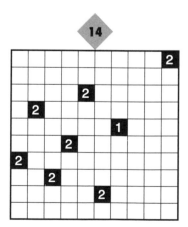

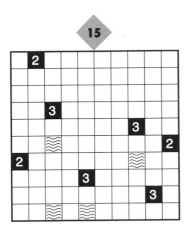

15

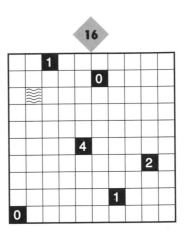

16

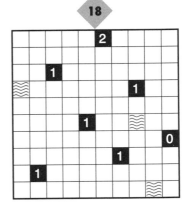

17

18

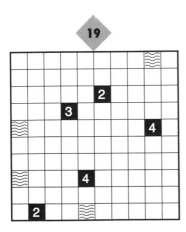

19

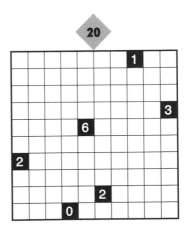

20

Hex Loops

Find a path that travels from hexagon to hexagon, ends where it started, and never touches or crosses itself. The path can only pass from one hexagon to another if they share a side, and the path may not make a "sharp" turn of 60°. The numbers placed in some of the hexagons indicate the number of adjacent hexagons through which the path passes. The path cannot pass through a numbered hexagon.

ANSWERS, PAGE 92

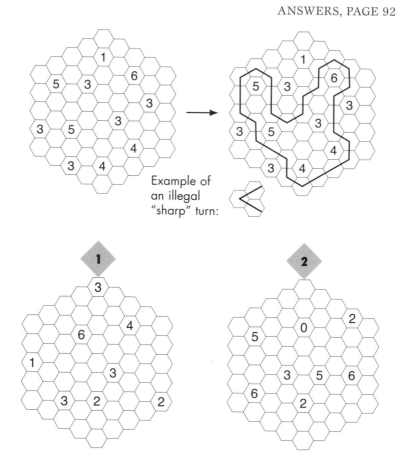

Example of an illegal "sharp" turn:

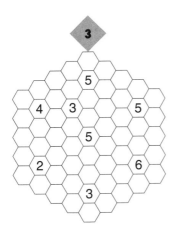

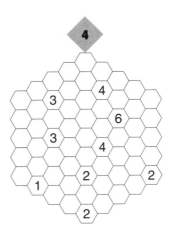

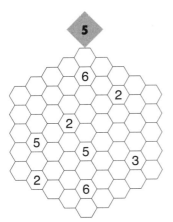

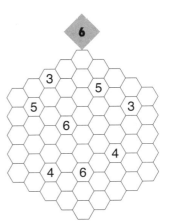

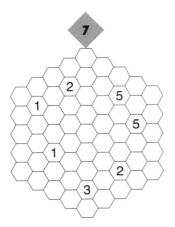

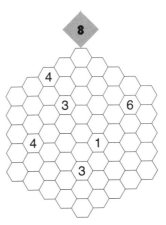

Square Routes

Each of the grids below contains a path that passes through every square exactly once, ends where it begins, and never crosses itself. The path travels horizontally and vertically but not diagonally. The path must also make a right-angled turn whenever it crosses through a light gray square, and must continue straight when it passes through a dark gray square. Can you deduce what the path is for each grid?

ANSWERS, PAGE 93

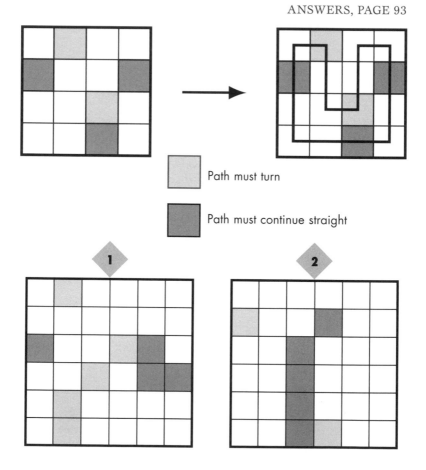

Path must turn

Path must continue straight

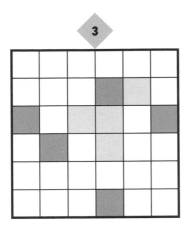

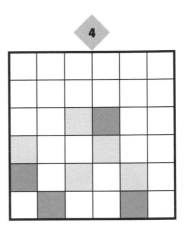

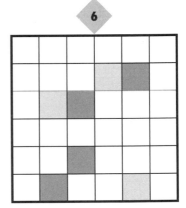

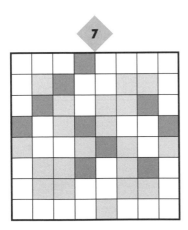

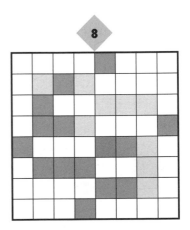

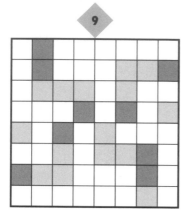

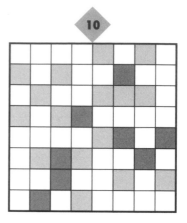

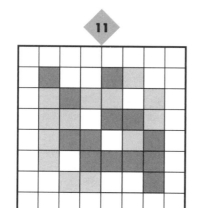

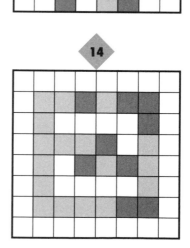

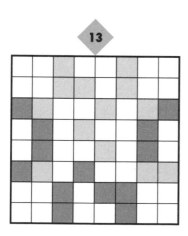

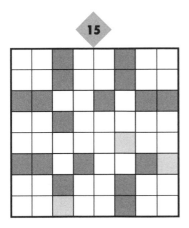

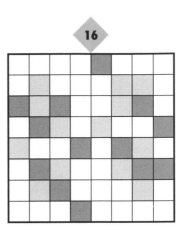

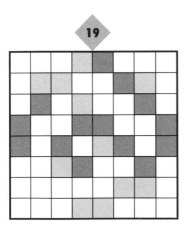

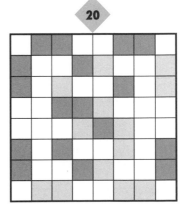

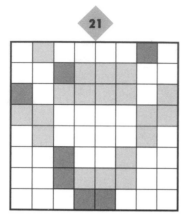

21

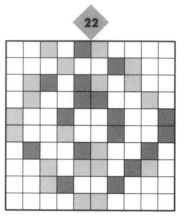

22

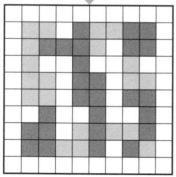

23

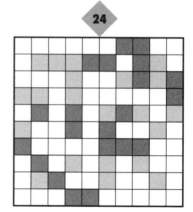

24

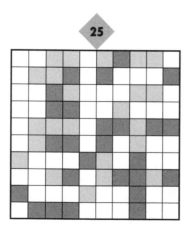

25

Spokes

There are spokes missing between adjacent hubs in the diagrams below. The hubs are adjacent horizontally, vertically, and diagonally. The number on each hub indicates the number of spokes that are connected to that hub. Also, no spoke is allowed to intersect another spoke.

ANSWERS, PAGE 95

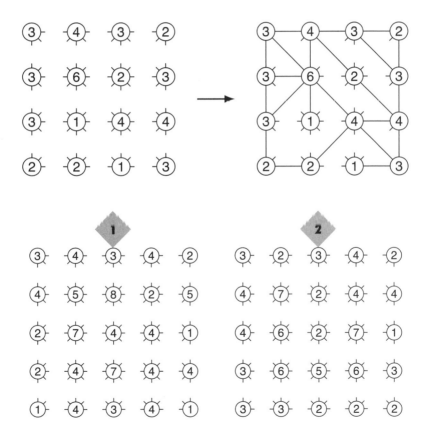

3

2	5	4	3	1
5	5	6	6	3
3	6	6	6	2
5	3	6	4	3
2	3	3	4	2

4

1	4	2	3	2
4	3	4	5	5
3	6	1	6	3
2	5	3	7	4
1	4	4	2	2

5

2	3	3	5	2
1	5	7	5	4
5	4	7	5	2
3	5	6	6	3
2	5	3	3	2

6

1	4	4	5	2
4	4	6	2	4
4	4	3	5	2
4	6	6	3	4
1	3	4	2	3

7

1	4	1	3	1
1	5	5	6	1
2	5	6	6	2
1	5	8	4	3
1	4	3	3	3

8

2	2	5	4	2
3	7	2	5	3
3	6	3	3	4
3	6	3	7	2
1	3	4	3	2

9

3	4	3	3	2
2	2	3	4	4
1	3	2	1	2
2	6	6	3	5
1	3	3	4	2

10

2	3	5	2	2
1	8	5	3	2
4	4	4	2	1
4	5	7	6	3
2	5	3	3	2

11

3	4	3	3	3
4	3	5	5	2
3	3	3	5	1
3	6	7	4	4
1	2	3	3	3

12

3	4	4	2	2
3	6	3	4	4
3	6	6	6	3
4	6	5	4	4
1	3	2	4	2

13

2	2	2	2	1
4	6	6	6	3
4	6	6	6	3
4	6	6	5	3
2	3	3	2	1

14

2	3	3	4	1
3	5	2	6	2
2	7	5	6	2
4	5	6	5	1
1	2	2	2	1

15

1	2	1	3	1
3	6	5	5	4
4	6	5	6	4
4	6	4	6	1
1	3	2	3	2

16

2	3	3	2	1
3	7	6	6	4
4	4	6	6	4
3	5	6	6	3
1	1	4	4	2

17

2	3	3	4	2
3	5	6	5	4
4	7	4	7	2
4	6	6	6	4
2	4	4	3	2

18

2	4	4	2	2
2	4	5	6	3
2	7	6	7	2
4	5	6	5	4
2	4	4	2	2

19

2	4	4	4	2
1	7	6	5	3
3	4	7	5	3
2	6	5	2	2
2	4	4	4	1

20

2	1	3	3	1
2	7	2	7	4
2	1	5	4	2
3	7	3	6	3
2	4	2	2	2

21

1	4	2	3	2
1	5	5	6	4
1	6	6	6	4
3	5	6	6	3
1	4	4	4	2

22

2	2	5	3	3	3
3	8	4	5	6	3
5	4	7	5	5	5
4	5	5	5	7	4
4	3	6	6	6	3
2	5	3	4	3	2

23

1	4	5	4	4	2
3	4	2	4	6	2
4	6	7	4	5	4
4	5	7	5	6	2
4	7	4	5	4	4
2	3	2	4	4	3

24

3	4	4	1	3	3
4	6	6	5	6	3
2	7	5	8	1	3
3	5	6	3	7	1
3	5	6	7	2	2
2	4	2	1	2	3

25

1	3	3	4	3	2
1	6	6	2	8	2
4	3	5	7	2	3
3	7	6	5	5	4
3	6	6	5	4	3
1	4	4	4	4	3

26

2	4	5	2	4	2
3	5	5	7	5	4
3	6	5	5	6	4
1	5	7	6	3	3
1	7	4	6	3	4
2	3	5	2	4	3

27

1	4	5	4	4	2
3	4	5	5	4	2
4	7	1	5	6	3
4	6	4	2	4	4
3	6	3	4	7	2
3	1	2	4	4	2

28

3	4	3	4	1	1
2	7	4	6	5	3
2	3	3	5	8	3
5	6	5	6	4	3
3	6	7	3	7	3
2	1	4	5	3	2

29

2	3	3	3	5	1
3	7	7	5	4	4
3	6	5	7	7	3
2	4	5	3	6	4
1	7	5	7	3	3
2	3	4	4	4	3

30

1	4	5	4	3	3
3	6	3	6	7	2
2	5	6	5	6	3
4	5	2	4	5	4
3	3	7	6	5	4
3	4	2	3	3	3

Battleships

Your job is to find the fleet of ships hidden in each of the grids below. Each fleet consists of one four-segment battleship, two three-segment cruisers, three two-segment destroyers, and four one-segment submarines. A picture of the fleet is shown in the example; note that submarines are round, the end segments of the other ships are rounded off on one end, and the center segments of the other ships are flat on all sides.

Ships are located entirely within the grid, with one grid space taken up for each ship segment. Ships are oriented horizontally or vertically and no ship touches another, even diagonally.

The numbers along the edges of the grids indicate how many ship segments are in that row or column. Missing numbers are for you to determine. A few ship segments are shown. In addition, some grid spaces are shown as water; these spaces will not contain a ship segment.

Lighthouses variant (puzzles 7 to 12): There are no guide numbers along the edges. Rather, numbers within grid spaces indicate the total number of ship segments found in the same row and the same column as that grid space. Ships cannot be adjacent to the numbered grid spaces.

Minesweeper variant (puzzles 13 to 18): There are no guide numbers along the edges. Rather, numbers within grid spaces indicate the number of ship segments adjacent to that space horizontally, vertically, and diagonally. Numbered grid spaces cannot contain ships.

ANSWERS, PAGE 99

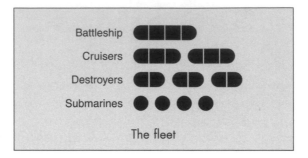

The fleet

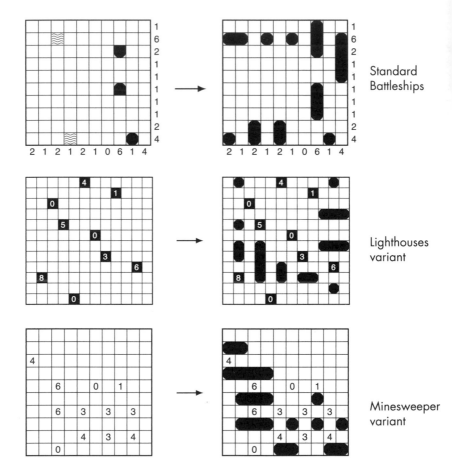

Standard Battleships

Lighthouses variant

Minesweeper variant

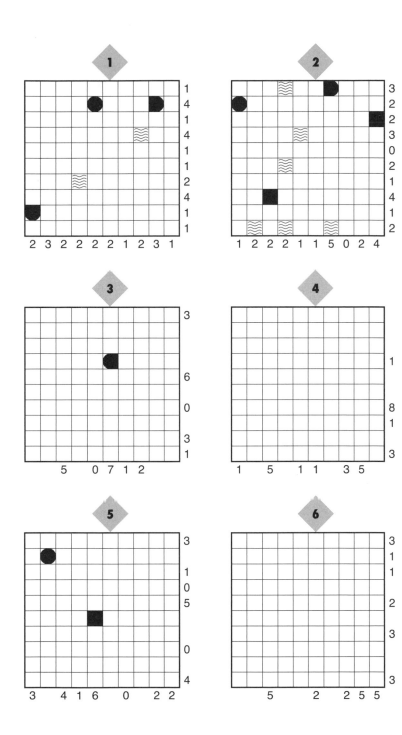

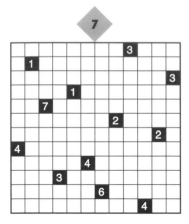

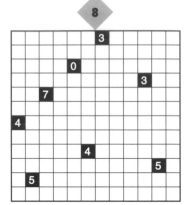

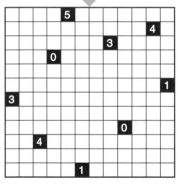

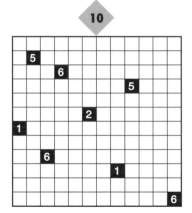

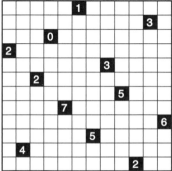

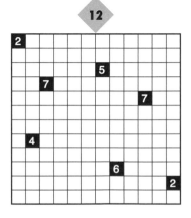

13

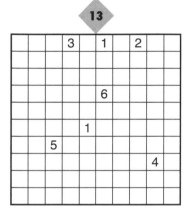

		3		1		2			
					6				
				1					
	5								
							4		

14

					3				
	5			3					
								5	
		2				2			
								5	
				5					
							2		
			2		0				

15

			0			1	2	2	
1								0	
						1			
		2					1		
				0					
								1	
	0						0		
			1		2		1		
		1							0

16

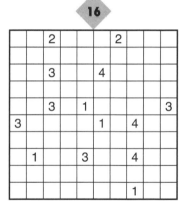

		2			2				
		3		4					
		3	1						3
3				1		4			
	1		3			4			
						1			

17

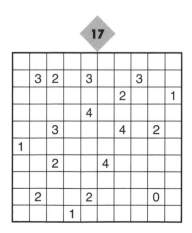

	3	2		3			3		
					2				1
			4						
		3				4		2	
1									
		2			4				
	2			2				0	
		1							

18

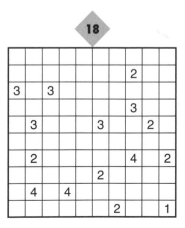

							2		
3		3							
							3		
	3				3		2		
	2						4		2
					2				
	4		4						
						2			1

Sudoku

In each 6 × 6 diagram, place the numbers 1 through 6 so that each row, column, and six-square subsection (there are six of them, separated by thick black lines) contains each number exactly once. Some numbers have already been placed in the diagram for you.

As the diagrams get bigger, the group of numbers to place gets bigger (1 through 7 in puzzle 3, 1 through 8 in puzzles 4 to 9, and 1 through 9 in the remaining puzzles), and the number and size of the subsections increase accordingly. Each digit will still appear exactly once in each row, column, and subsection.

ANSWERS, PAGE 100

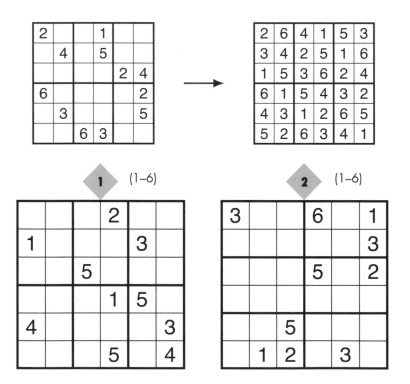

1 (1–6)   2 (1–6)

3 (1–7)

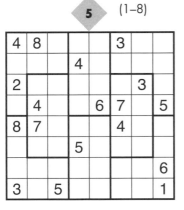

4 (1–8)

5 (1–8)

6 (1–8)

7 (1–8)

8 (1–8)

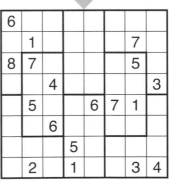

9 (1–8)

7							
8						1	3
			6			3	8
1						2	
2			8		4	7	6
		6	7				
		5					
		1			2		

10 (1–9)

		9				5	3	
	4		5		3			7
		6	7				4	
3	8		1			6	2	
9					5			
	1							9
			4					
4			6			1		8
	7	8		5				

11 (1–9)

6	5	2					8	
8				3		1	5	
5					4	6		
	9	6		2	3			
	7							5
			6	8		3		
			1		9			
						5	2	

12 (1–9)

	3		9				8	
		6	2		3	7	9	
			1					
	2		3				7	
				7			6	4
1								
	5				4	9		
	7	2						
	9			5		8	3	

13 (1–9)

	6					4		
		1				9		
2		7	5		6			8
		4	9			6		
			1	5				9
	8	2	6					7
				7	3			
6				1			2	
					5			

14 (1–9)

4	9						1	
1		3		4		7		
	5						2	
7			3		1		5	
	3		2			8	9	
		5		9				
		6		5		1		
				6	9	2		7

15 (1–9)

						8		3
	7					5		9
			4	1	8			
					2		6	
1	9					4		8
2						1	7	
	3				4			
	1		3		6		5	
	8			5		9		

 16 (1–9)

9			2					
		2		1			3	4
	4			3	9	1		8
	7		3		4		5	
		6			5			3
			1					7
	2		6	5				
		7				8	1	
5								

17 (1–9)

			1		2		9	
3	2						6	
6			9					
	5		6					
8	7				5			
						8		3
4							8	
		8		4	1	7	2	
2			5		7	6		

18 (1–9)

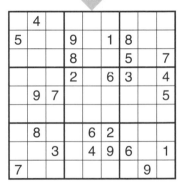

	4							
5			9		1	8		
			8			5		7
			2		6	3		4
	9	7						5
	8			6	2			
		3		4	9	6		1
7							9	

19 (1–9)

			1	2	3		6	
8					5			
				9				
		5			9		4	
						2		6
							9	8
	3		2		1			5
1					7		8	2
	9			3				

20 (1–9)

	2			1				5
7			6		9			3
1	7		4					
				8				
3			1					
	8			2		4		
		6		7				
	5	9				8		

21 (1–9)

5		8	3					1
					9	8		
9				1				5
		5	9					6
			4					7
8				4				
	3	9		2	5	7		
					6			
	8	7	4					

22 (1–9)

			5				7	
3	5		7			8	6	1
								6
6	8	9	2			7		
							2	
		2	8			6	3	4
	6		1		9	2		
8	9				3			
						4		

23 (1–9)

	8				6			
3				4		5		8
					2			7
			4	5				
1		6	7					
	2	9				8		
							3	
	1							6
7	6				3	2	9	5

24 (1–9)

	8				6		2	
						8		
9			2	3			6	
5	6				4			
2			6					
8				1		3		7
	7	3			8	1		6
	1	5			3		8	
						5		1

25 (1–9)

	3			5	9			4
					6			8
		6				7		
	4				6			
			7				8	
2		7			4			
		8					5	
9							2	1
5				3	7			

26 (1–9)

					5	7		1
	2		3		6			
								4
							7	5
5	8							
6		2					9	
		7		8	2			6
2	7		4		1			
				4			8	

27 (1–9)

2	6	5				3		1
	1				5	8		
				4		7		
	5							
				9				
		8						
			8	2				9
				4			6	3
	4		1			5		8

28 (1–9)

			8	2		7		9
					1			
9	3			7			4	
6					4	9		
	8		3					
	9					2		4
		2		7				3
		6	5			8		7

29 (1–9)

2			6		4		7	
	3	5						8
	4							2
7		6	4					
4		9	7			5		
					1			
		2		5	3	1		
6								
	1				2	6		

30 (1–9)

						2		
4		8			7	6	1	
9	1							
			9		4	7		
			5		6			9
				6		8		1
	2					4	7	
			7	4		3		

Alternate Corners

Your object is to find a path that passes through every square exactly once, ends in the same square it begins, and never crosses itself. The path travels horizontally and vertically but never diagonally. Every other turn you make in the path will be in a square containing a circle, and you must make a turn in every square that contains a circle.

ANSWERS, PAGE 102

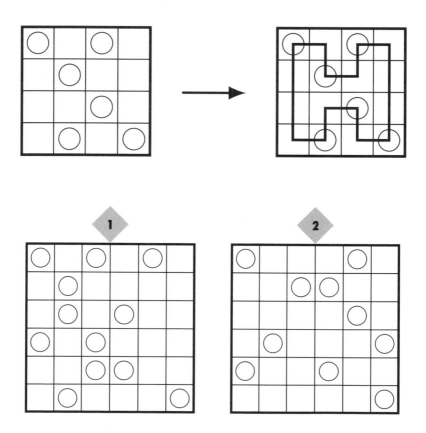

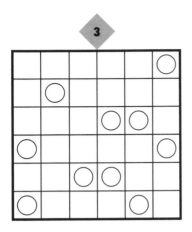

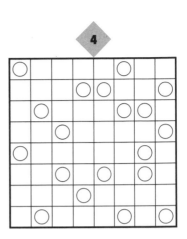

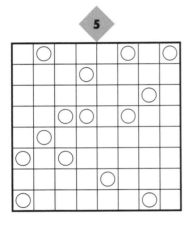

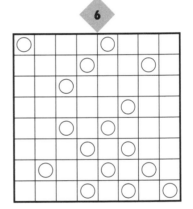

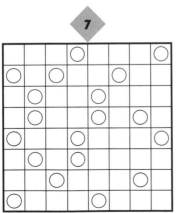

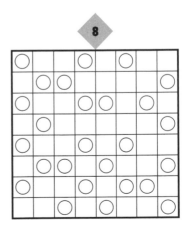

9

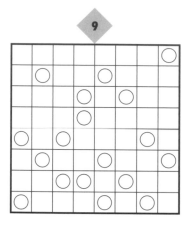

10

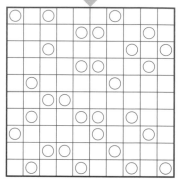

11

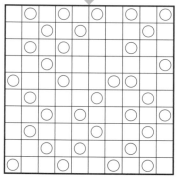

12

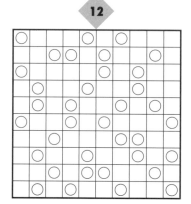

Rain Clouds

There is a storm brewing in the grids below and you need to find all of the rain clouds in each. The numbers along the edges of the diagram indicate how many squares in that row or column contain a portion of a rain cloud. All the rain clouds are shaped like rounded squares or rounded rectangles and are at least two squares wide and two squares tall. Furthermore, no rain cloud is adjacent to another horizontally, vertically, or diagonally.

There are several kinds of starting hints in the diagrams below: a rounded corner of a cloud, a non-rounded piece that can be either an edge piece or an internal piece of a cloud, or wavy lines, which are not part of any rain cloud.

ANSWERS, PAGE 103

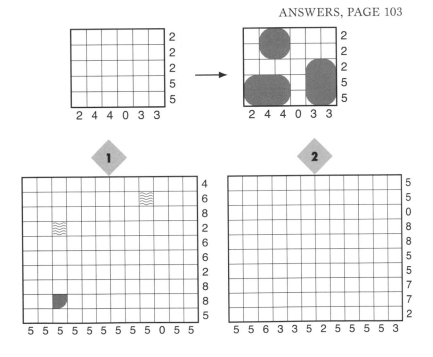

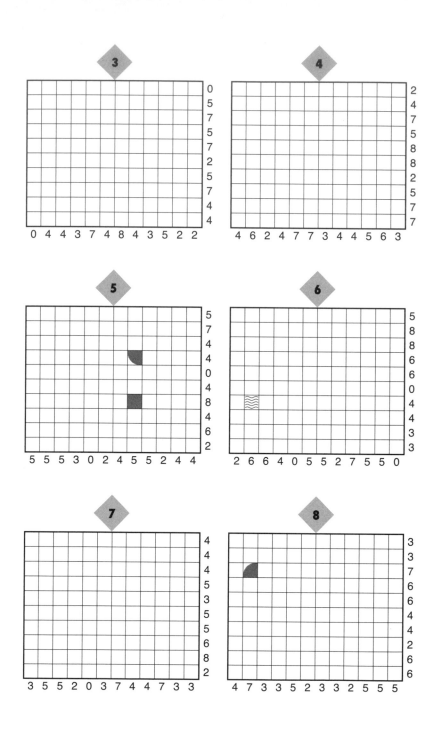

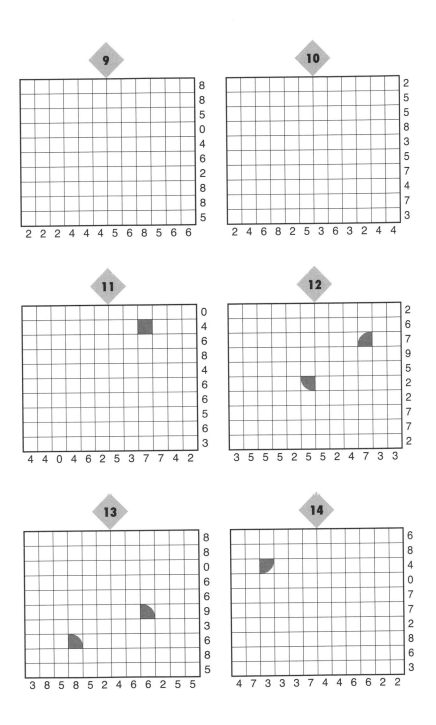

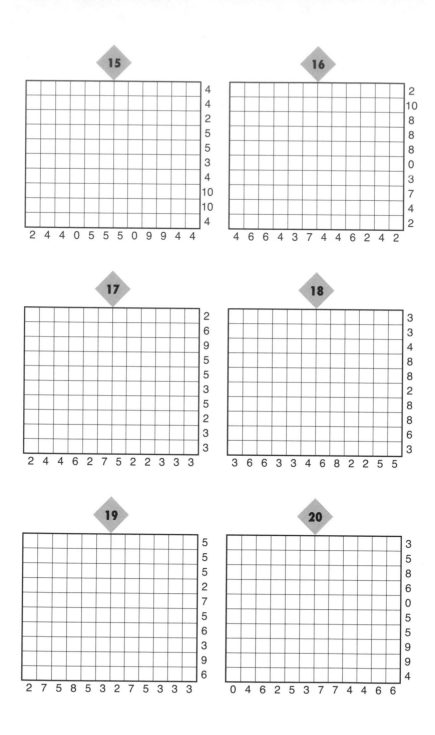

15

Right: 4 4 2 5 5 3 4 10 10 4
Bottom: 2 4 4 0 5 5 5 0 9 9 4 4

16

Right: 2 10 8 8 8 0 3 7 4 2
Bottom: 4 6 6 4 3 7 4 4 6 2 4 2

17

Right: 2 6 9 5 5 3 5 2 3 3
Bottom: 2 4 4 6 2 7 5 2 2 3 3 3

18

Right: 3 3 4 8 8 2 8 8 6 3
Bottom: 3 6 6 3 3 4 6 8 2 2 5 5

19

Right: 5 5 5 2 7 5 6 3 9 6
Bottom: 2 7 5 8 5 3 2 7 5 3 3 3

20

Right: 3 5 8 6 0 5 5 9 9 4
Bottom: 0 4 6 2 5 3 7 7 4 4 6 6

Square Numbers

There are some squares to be drawn in the grids below. All of the squares have each of their four corners in the center of a grid square and sides all parallel to the grid's sides. Exactly one corner will be in a grid square that contains a number. That number tells you how many other numbers can be found inside the square.

The squares may cross through perpendicular sides only and cannot touch anywhere else.

ANSWERS, PAGE 104

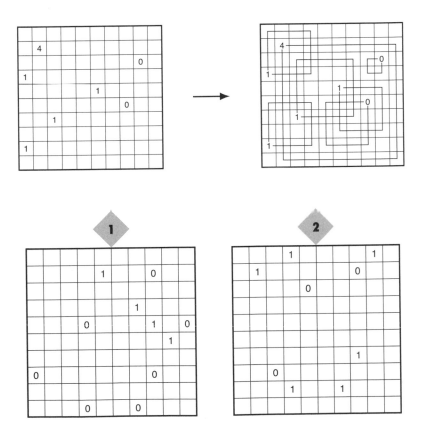

3

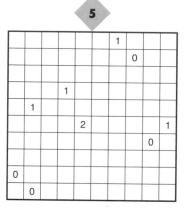

5

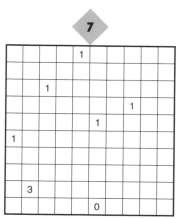

7

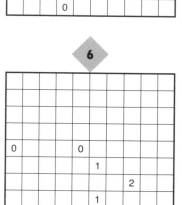

4

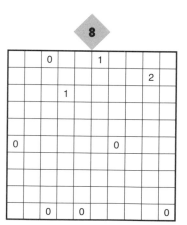

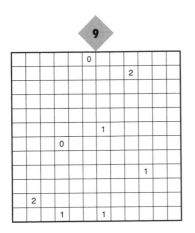

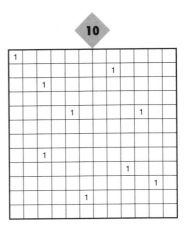

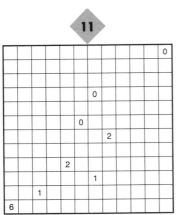

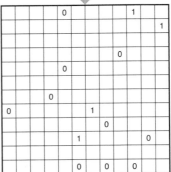

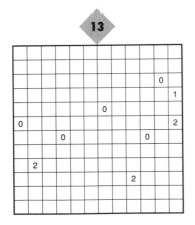

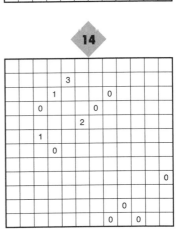

15

16

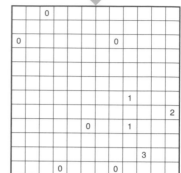

17

18

19

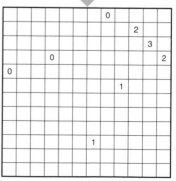

20

Fences

Each diagram should contain a path that travels from dot to dot, horizontally and vertically only, and ends where it began, never touching or crossing itself. The numbers that have been placed in the diagram tell you how many of the four sides of the "square" it lies in are used for the path. (The path doesn't necessarily need to touch all of the dots.) Your task is to find this path.

ANSWERS, PAGE 105

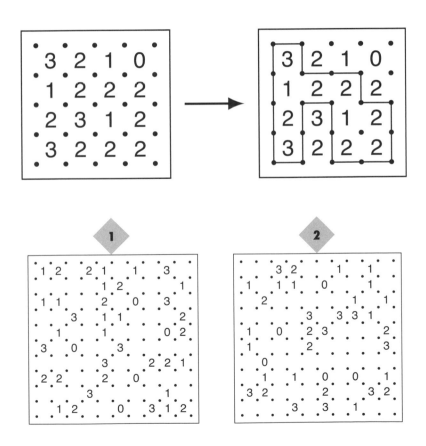

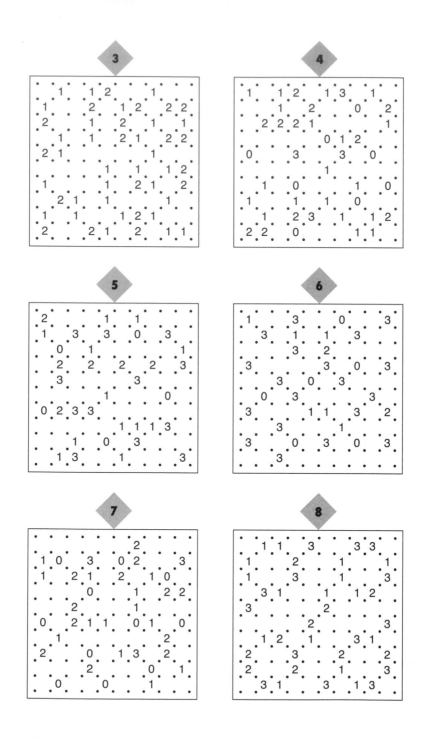

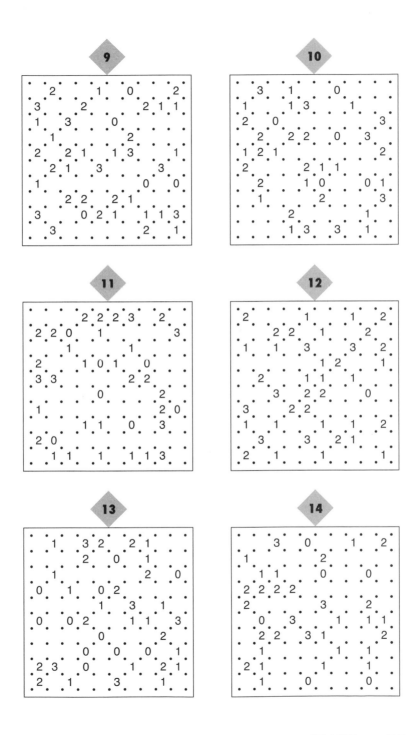

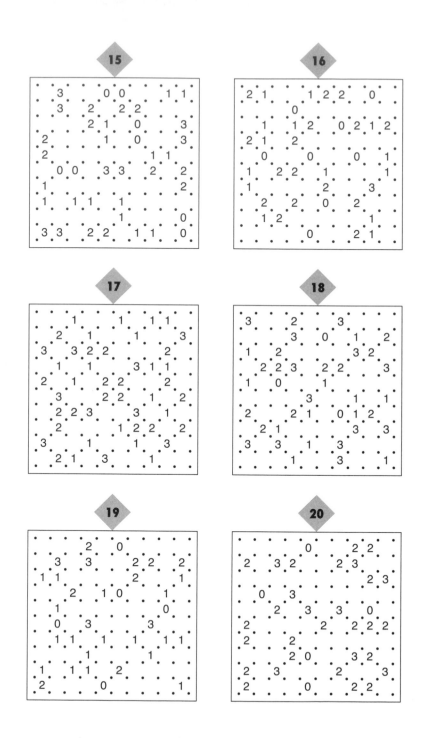

Snaky Tiles

Divide each grid into "snakelike" tile groups. Each tile group is one cell wide in all places and never branches off. No snaky tile group touches itself, even diagonally. Each snaky tile group contains within it two nonadjacent numbered squares, each of which holds the number equal to the tile group's length.

ANSWERS, PAGE 106

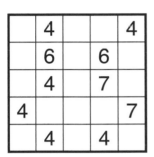

Four illegal snakes:

 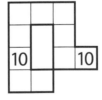

Not snakelike   Numbers in adjacent squares   Touches itself   Touches itself

1

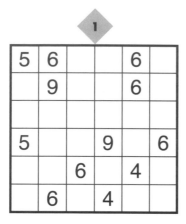

5	6			6	
	9			6	
5			9		6
		6		4	
	6		4		

2

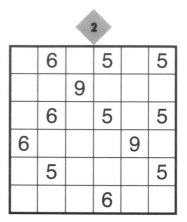

	6		5		5
		9			
	6		5		5
6				9	
	5				5
			6		

3

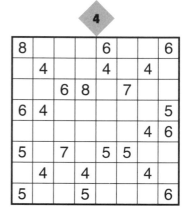

	6		5	7	
			5		
6	5	5			
			4	9	
9	4				7

4

8				6			6
	4			4		4	
		6	8		7		
6	4						5
						4	6
5		7		5	5		
	4		4			4	
5			5				6

5

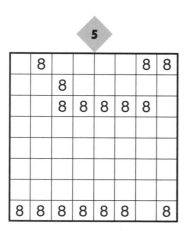

	8					8	8
		8					
		8	8	8	8	8	
8	8	8	8	8	8		8

6

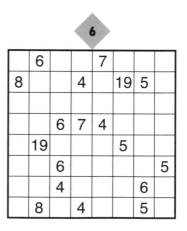

	6			7			
8			4		19	5	
		6	7	4			
	19				5		
		6					5
		4				6	
	8		4			5	

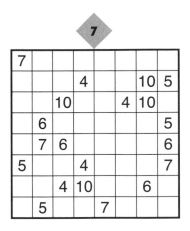

7

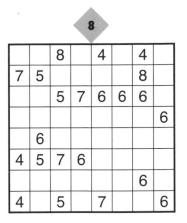

8

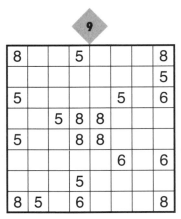

9

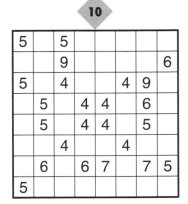

10

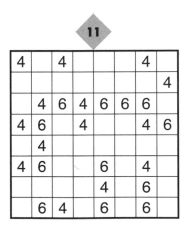

11

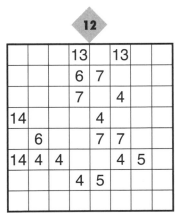

12

13

	5		5		4		4
		6				6	
6	5		4		6		
5		4		9			
							6
8		6				5	
	9				6		6
				8		5	

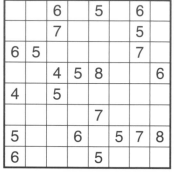

14

		6		5		6	
		7				5	
6	5					7	
		4	5	8			6
4		5					
			7				
5			6		5	7	8
6				5			

15

			6				7
6				7	5		
		4		4			
6	6	7					
		7			7	5	5
		6					
	5		6			6	5
7				5		6	

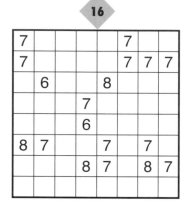

16

7					7		
7					7	7	7
	6			8			
			7				
			6				
8	7			7		7	
			8	7		8	7

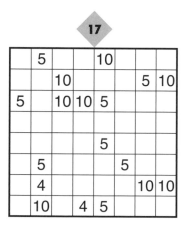

17

	5			10			
		10				5	10
5		10	10	5			
				5			
	5				5		
	4					10	10
	10		4	5			

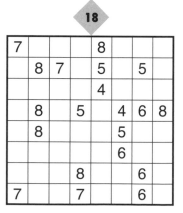

18

7				8			
	8	7		5		5	
				4			
	8		5		4	6	8
	8			5			
				6			
		8			6		
7			7		6		

19

		6	6		6	5	
6	7				6		
							5
			6		6		6
			5	5			
7	6	5				6	
				5	5		7
	5			7			

20

	6			10			
		6					
6						10	5
	4	6	7		9	5	
			4				
4					7		
		4	6		6		9
		7			7		

21

			6				
7	6		5		5	6	7
			6		6		
			7				
	5		5				6
	7		6			7	
	4		7	5		6	
			4			5	

22

5	5	4			4			4
				4	14			
		5	5					
		14			4		8	
	4			8		4		
	5		4	6				
			5		14	6	4	14
4		5						
	14			5		4		
	4		14					

23

9	7				5			9
		5		7		8		
	5				7		5	
		6					8	
			4			7	5	
		9			6			
5			4		5		9	6
6	6	5		6				7
						6		
6				7		5		5

24

	7	5		7	7			
		5			5			7
		7				5		
7	7	7		7	7	5	7	7
		7			7			
	7	5			5			5
					7			5
	7	7	5	7		5		
			5	7				

25

		6	5		5	5		5
	6	7			7			7
7								4
	4			4			7	
6			5	6			7	4
	4						4	
		4	5	5			6	4
6	7				5	6	5	
				5			7	
		7		7				6

26

			7		5		
7			8				7
				5			
5	32		5			9	
		8				7	
						6	
5	4		7	5			
					9	5	
	4			5		32	6
	7						

27

		8	6		7			
	8				6			7
8								
			5		6	6	6	7
8	5		6			7	7	
	5	4		10				
			4		7			
	4	5				7		5
4							7	
		10	5			5		5

Cross Sums

This is like a crossword puzzle, but with numbers. There will be one digit in each of the white squares instead of one letter. The clue number for a horizontal group of digits is to the left of the group and above the diagonal division, and for a vertical group of digits it is above the group and below the diagonal division.

The clue number is the sum of the digits in its corresponding group. Only the digits 1 through 9 are used, and no digit may be repeated within a group.

Variation 1 (puzzles 5 and 6): The instructions are the same as for regular Cross Sums, except each answer group *must* contain exactly one pair of matching digits.

ANSWERS, PAGE 107

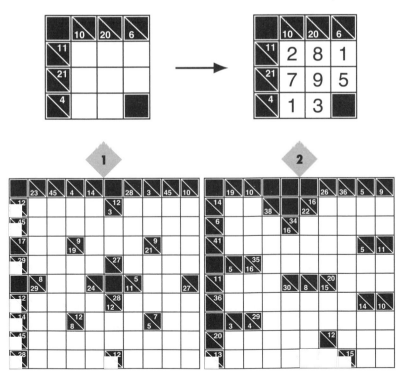

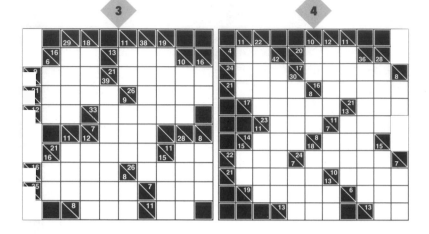

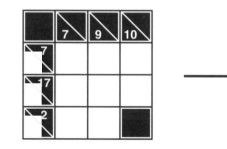

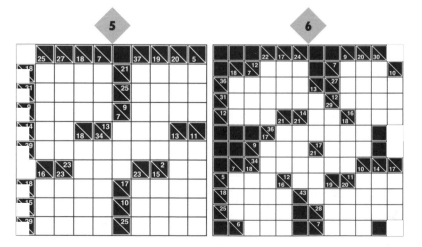

End View

Place the letters A through C into the diagram so that every letter appears exactly once in each row and column. The letters around the edge of the diagram indicate the first letter that can be found by reading the appropriate row or column, beginning at that outside letter.

In later diagrams, larger sets of letters are used (A through D in puzzles 11 to 20, A through E in puzzles 21 to 25, and A through F in puzzles 26 to 30).

ANSWERS, PAGE 107

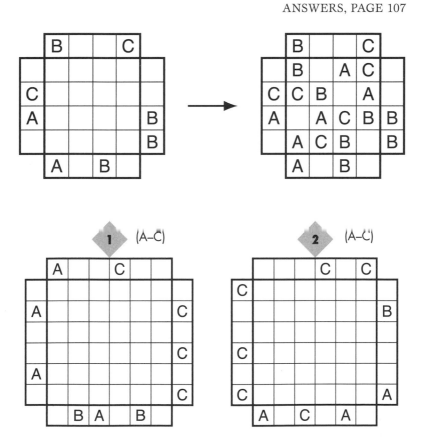

1 (A–C)

2 (A–C)

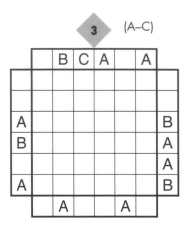

3 (A–C)

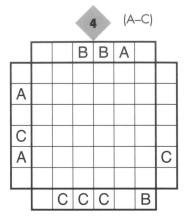

4 (A–C)

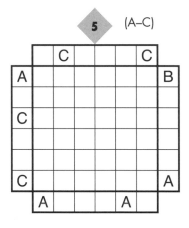

5 (A–C)

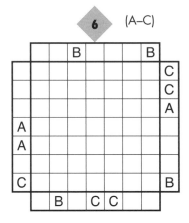

6 (A–C)

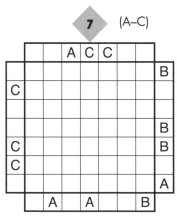

7 (A–C)

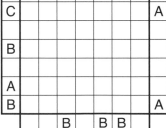
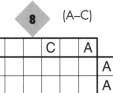

8 (A–C)

9 (A–C)

10 (A–C)

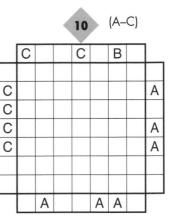

11 (A–D)

12 (A–D)

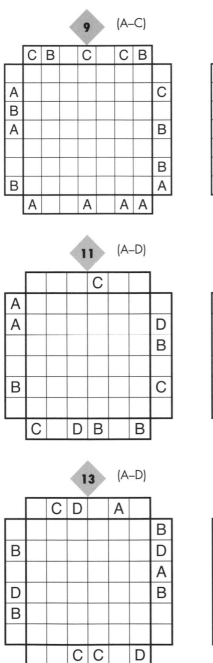

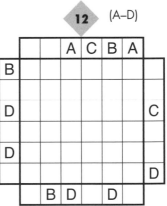

13 (A–D)

14 (A–D)

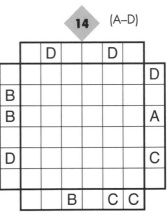

15 (A–D)

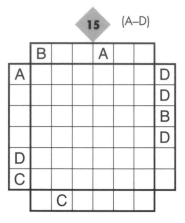

16 (A–D)

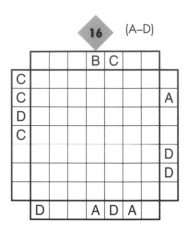

17 (A–D)

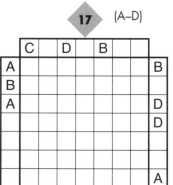

18 (A–D)

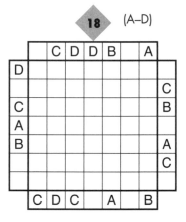

19 (A–D)

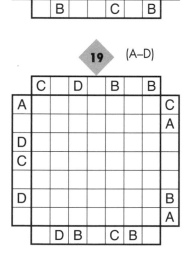

20 (A–D)

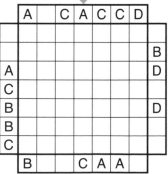

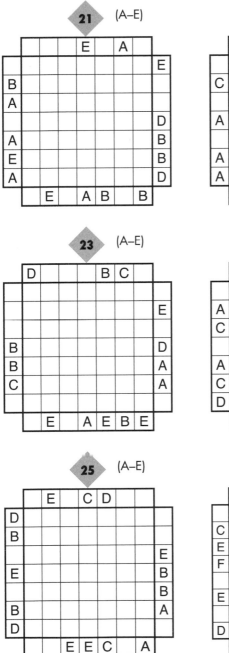

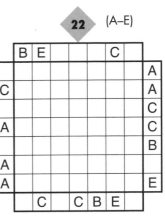

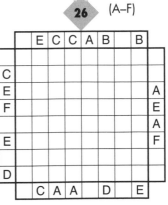

27 (A–F)

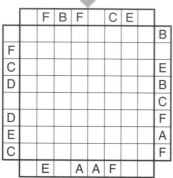

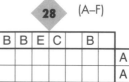

28 (A–F)

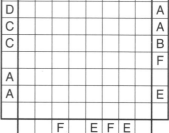

29 (A–F)

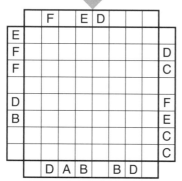

30 (A–F)

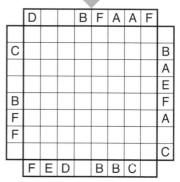

Skyscrapers

Each of the squares in the grids below contains a building that has anywhere from one to five stories. There will be one building of every possible height in each row and column. The numbers along the edges of the diagram indicate the number of buildings that can be seen from that point looking in. Your job is to find the height of each building. Remember, when looking into the grid, taller buildings block your view of shorter buildings.

In later diagrams, larger groups of buildings (1 through 6 stories in puzzles 3 to 6, 1 through 7 stories in puzzles 7 and 8) must be placed.

The example shows a group of buildings from one to four stories.

ANSWERS, PAGE 109

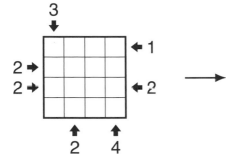

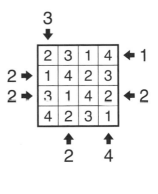

At right is a side view of a possible row in a Skyscrapers puzzle. From the left side, three buildings would be seen: 2, 4, and 6. Building 1 is hidden behind Building 2, and Buildings 3 and 5 are blocked by Building 6. From the right side, only two buildings are seen: 5 and 6. Building 3 is hidden behind Building 5, and Building 6 blocks Buildings 4, 1, and 2.

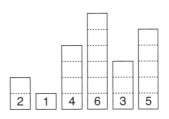

1 (1–5)

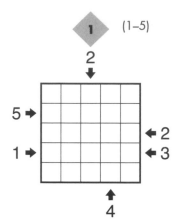

2 (1–5)

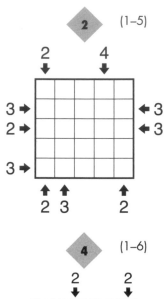

3 (1–6)

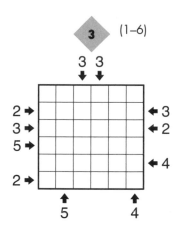

4 (1–6)

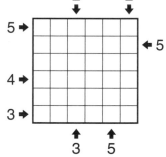

5 (1–6)

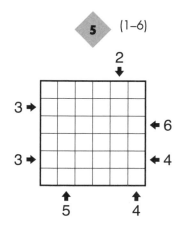

6 (1–6)

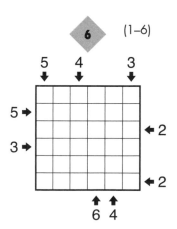

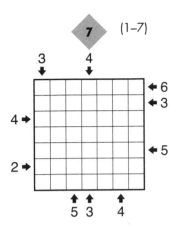

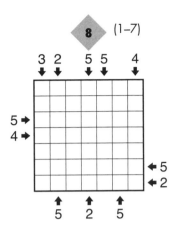

Dominoes

For the beginning puzzles, a full set of double-6 dominoes (28 total dominoes) has been laid out in each diagram, and the edges of each domino have been removed. Replace all the edges to show the location of each individual domino. Every diagram has a unique solution.

In later diagrams, full sets of double-9 dominoes (55 total) and double-12 dominoes (91 total) are used. Checkoff lists for all sets are provided.

ANSWERS, PAGE 109

2	5	4	0	2	4	3	1
6	0	4	4	5	4	0	1
1	2	2	3	0	5	6	0
0	3	6	1	0	6	2	5
5	3	4	4	1	5	0	4
3	1	5	1	3	5	6	2
6	1	2	6	3	3	6	2

→

2	5	4	0	2	4	3	1
6	0	4	4	5	4	0	1
1	2	2	3	0	5	6	0
0	3	6	1	0	6	2	5
5	3	4	4	1	5	0	4
3	1	5	1	3	5	6	2
6	1	2	6	3	3	6	2

1

3	5	5	0	5	4	2	1
3	4	0	1	6	0	0	0
4	2	1	3	0	6	1	6
4	0	3	4	4	4	1	6
6	6	5	5	3	2	1	4
5	2	3	5	2	1	5	3
2	2	2	3	0	6	1	6

2

1	6	6	1	2	2	2	5
5	5	3	3	2	6	0	0
1	5	0	2	1	3	4	2
1	6	4	4	5	6	3	0
1	1	2	5	4	3	3	0
0	4	1	3	6	6	4	6
0	0	4	5	3	5	2	4

Checkoff list for puzzle 1:

0 0						
0 1	1 1					
0 2	1 2	2 2				
0 3	1 3	2 3	3 3			
0 4	1 4	2 4	3 4	4 4		
0 5	1 5	2 5	3 5	4 5	5 5	
0 6	1 6	2 6	3 6	4 6	5 6	6 6

Checkoff list for puzzle 2:

0 0						
0 1	1 1					
0 2	1 2	2 2				
0 3	1 3	2 3	3 3			
0 4	1 4	2 4	3 4	4 4		
0 5	1 5	2 5	3 5	4 5	5 5	
0 6	1 6	2 6	3 6	4 6	5 6	6 6

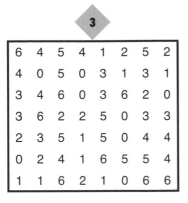

3

6	4	5	4	1	2	5	2
4	0	5	0	3	1	3	1
3	4	6	0	3	6	2	0
3	6	2	2	5	0	3	3
2	3	5	1	5	0	4	4
0	2	4	1	6	5	5	4
1	1	6	2	1	0	6	6

```
0 0
0 1  1 1
0 2  1 2  2 2
0 3  1 3  2 3  3 3
0 4  1 4  2 4  3 4  4 4
0 5  1 5  2 5  3 5  4 5  5 5
0 6  1 6  2 6  3 6  4 6  5 6  6 6
```

4

4	2	6	3	3	3	2	1
3	6	1	3	4	4	1	0
5	0	5	2	5	5	1	0
6	1	2	6	3	4	6	2
5	6	5	6	4	2	4	0
5	0	4	0	0	2	2	1
1	3	1	3	0	5	4	6

```
0 0
0 1  1 1
0 2  1 2  2 2
0 3  1 3  2 3  3 3
0 4  1 4  2 4  3 4  4 4
0 5  1 5  2 5  3 5  4 5  5 5
0 6  1 6  2 6  3 6  4 6  5 6  6 6
```

5

6	5	0	6	6	5	5	0
4	4	0	4	2	1	5	5
1	5	6	6	2	0	4	4
1	3	2	2	3	0	6	2
6	2	1	2	4	4	3	2
5	3	1	3	3	3	0	5
1	4	1	3	0	1	6	0

```
0 0
0 1  1 1
0 2  1 2  2 2
0 3  1 3  2 3  3 3
0 4  1 4  2 4  3 4  4 4
0 5  1 5  2 5  3 5  4 5  5 5
0 6  1 6  2 6  3 6  4 6  5 6  6 6
```

6

1	2	3	6	6	2	0	3
5	2	4	4	2	4	0	1
6	6	1	4	2	5	2	5
0	0	6	1	0	0	5	5
1	3	3	1	6	2	6	3
1	3	4	5	3	3	4	5
5	2	4	1	6	0	0	4

```
0 0
0 1  1 1
0 2  1 2  2 2
0 3  1 3  2 3  3 3
0 4  1 4  2 4  3 4  4 4
0 5  1 5  2 5  3 5  4 5  5 5
0 6  1 6  2 6  3 6  4 6  5 6  6 6
```

7

5	5	0	5	2	2	4	6
0	5	2	1	0	3	3	2
0	4	1	2	3	5	0	6
3	4	1	0	5	1	4	6
1	2	6	4	1	3	3	2
1	0	6	3	4	0	6	2
1	6	4	4	6	5	5	3

0 0
0 1 | 1 1
0 2 | 1 2 | 2 2
0 3 | 1 3 | 2 3 | 3 3
0 4 | 1 4 | 2 4 | 3 4 | 4 4
0 5 | 1 5 | 2 5 | 3 5 | 4 5 | 5 5
0 6 | 1 6 | 2 6 | 3 6 | 4 6 | 5 6 | 6 6

8

0	3	1	1	2	4	4	2
5	3	1	5	6	1	6	0
5	4	4	4	3	4	6	4
0	0	2	5	5	6	1	3
5	1	6	5	0	2	3	2
5	2	0	1	3	3	6	6
1	3	6	0	0	2	2	4

0 0
0 1 | 1 1
0 2 | 1 2 | 2 2
0 3 | 1 3 | 2 3 | 3 3
0 4 | 1 4 | 2 4 | 3 4 | 4 4
0 5 | 1 5 | 2 5 | 3 5 | 4 5 | 5 5
0 6 | 1 6 | 2 6 | 3 6 | 4 6 | 5 6 | 6 6

9

0	2	2	4	3	0	3	6
4	4	4	6	2	2	4	3
1	3	2	5	3	1	6	2
1	5	5	1	6	6	0	0
5	5	4	1	1	0	0	6
5	2	1	3	3	4	1	0
6	4	5	0	3	5	2	6

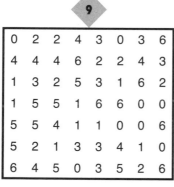

0 0
0 1 | 1 1
0 2 | 1 2 | 2 2
0 3 | 1 3 | 2 3 | 3 3
0 4 | 1 4 | 2 4 | 3 4 | 4 4
0 5 | 1 5 | 2 5 | 3 5 | 4 5 | 5 5
0 6 | 1 6 | 2 6 | 3 6 | 4 6 | 5 6 | 6 6

10

2	6	2	3	4	4	5	5
1	3	0	0	3	3	6	6
0	5	1	5	5	2	3	4
4	6	4	2	6	0	0	6
1	6	4	3	5	1	1	3
1	2	1	4	1	3	2	4
0	0	6	2	0	5	2	5

0 0
0 1 | 1 1
0 2 | 1 2 | 2 2
0 3 | 1 3 | 2 3 | 3 3
0 4 | 1 4 | 2 4 | 3 4 | 4 4
0 5 | 1 5 | 2 5 | 3 5 | 4 5 | 5 5
0 6 | 1 6 | 2 6 | 3 6 | 4 6 | 5 6 | 6 6

11

0	1	1	2	4	3	6	1
6	6	4	4	3	0	0	6
4	5	2	5	1	2	0	4
6	6	2	0	1	3	3	1
5	2	3	1	6	6	3	2
4	2	0	5	5	2	5	1
4	0	0	5	4	3	5	3

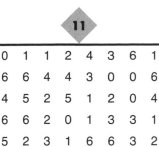

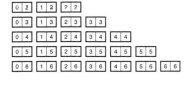

```
0 0
0 1   1 1
0 2   1 2   ? ?
0 3   1 3   2 3   3 3
0 4   1 4   2 4   3 4   4 4
0 5   1 5   2 5   3 5   4 5   5 5
0 6   1 6   2 6   3 6   4 6   5 6   6 6
```

12

1	6	3	0	0	0	6	1
5	6	0	1	4	4	3	0
6	5	5	3	1	4	6	2
1	2	4	5	1	3	6	2
1	3	6	2	2	1	2	5
4	5	4	2	0	5	4	0
2	3	3	3	5	6	0	4

```
0 0
0 1   1 1
0 2   1 2   2 2
0 3   1 3   2 3   3 0
0 4   1 4   2 4   3 4   4 4
0 5   1 5   2 5   3 5   4 5   5 5
0 6   1 6   2 6   3 6   4 6   5 6   6 6
```

13

1	1	0	3	0	5	4	1
0	4	2	6	1	5	5	1
6	4	3	4	3	6	0	0
1	5	3	2	3	6	1	6
2	6	6	3	2	5	5	3
0	5	0	3	4	0	2	1
2	2	2	6	4	5	4	4

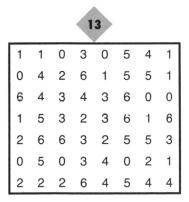

```
0 0
0 1   1 1
0 2   1 2   2 2
0 3   1 3   2 3   3 3
0 4   1 4   2 4   3 4   4 4
0 5   1 5   2 5   3 5   4 5   5 5
0 6   1 6   2 6   3 6   4 6   5 6   6 6
```

14

4	1	5	2	2	5	0	6
4	0	2	5	1	1	0	4
3	6	2	4	6	1	5	0
5	4	3	5	6	0	3	3
6	3	4	5	5	2	4	6
0	2	4	2	1	6	6	2
1	3	1	1	0	0	3	3

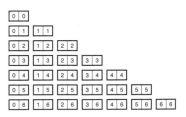

```
0 0
0 1   1 1
0 2   1 2   2 2
0 3   1 3   2 3   3 3
0 4   1 4   2 4   3 4   4 4
0 5   1 5   2 5   3 5   4 5   5 5
0 6   1 6   2 6   3 6   4 6   5 6   6 6
```

15

6	0	2	3	1	5	3	3
6	4	4	6	1	6	2	1
5	5	5	6	2	2	0	2
6	2	5	5	1	6	3	3
0	4	3	4	3	6	0	0
4	2	5	0	1	1	0	1
4	2	0	1	3	4	5	4

0 0

0 1	1 1

0 2	1 2	2 2

0 3	1 3	2 3	3 3

0 4	1 4	2 4	3 4	4 4

0 5	1 5	2 5	3 5	4 5	5 5

0 6	1 6	2 6	3 6	4 6	5 6	6 6

16

6	5	4	1	3	5	0	4
0	1	5	0	0	5	2	4
1	4	6	1	5	5	3	4
1	5	2	0	2	4	3	0
6	2	1	1	2	6	5	2
4	2	3	0	4	3	3	3
6	6	6	0	6	2	1	3

0 0

0 1	1 1

0 2	1 2	2 2

0 3	1 3	2 3	3 3

0 4	1 4	2 4	3 4	4 4

0 5	1 5	2 5	3 5	4 5	5 5

0 6	1 6	2 6	3 6	4 6	5 6	6 6

17

1	6	4	6	6	5	6	3
1	1	2	6	2	5	5	2
5	3	3	6	0	3	2	3
4	0	3	1	5	2	2	4
3	1	3	4	0	0	5	1
0	0	4	1	0	4	4	6
4	2	2	1	5	5	6	0

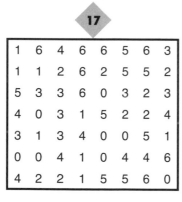
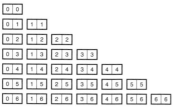

0 0

0 1	1 1

0 2	1 2	2 2

0 3	1 3	2 3	3 3

0 4	1 4	2 4	3 4	4 4

0 5	1 5	2 5	3 5	4 5	5 5

0 6	1 6	2 6	3 6	4 6	5 6	6 6

18

3	3	1	1	4	1	3	2
5	3	1	1	2	2	2	3
6	6	4	5	2	3	0	0
2	6	4	5	0	1	0	4
5	6	4	5	0	4	6	5
4	3	0	1	6	2	6	4
2	6	0	5	5	3	1	0

0 0

0 1	1 1

0 2	1 2	2 2

0 3	1 3	2 3	3 3

0 4	1 4	2 4	3 4	4 4

0 5	1 5	2 5	3 5	4 5	5 5

0 6	1 6	2 6	3 6	4 6	5 6	6 6

19

6	2	0	8	2	1	5	6	9	1	5
5	6	6	3	5	8	4	6	9	1	4
7	7	7	7	9	0	8	6	4	8	3
0	8	9	3	4	7	0	6	2	1	2
0	4	4	0	4	0	1	5	4	5	0
9	1	6	1	3	3	7	7	2	7	4
5	9	4	6	8	0	1	6	1	9	3
8	9	7	9	5	6	8	3	9	9	1
8	2	2	2	0	5	7	8	2	3	3
3	2	7	3	2	5	1	8	5	4	0

0 0
0 1 | 1 1
0 2 | 1 2 | 2 2
0 3 | 1 3 | 2 3 | 3 3
0 4 | 1 4 | 2 4 | 3 4 | 4 4
0 5 | 1 5 | 2 5 | 3 5 | 4 5 | 5 5
0 6 | 1 6 | 2 6 | 3 6 | 4 6 | 5 6 | 6 6
0 7 | 1 7 | 2 7 | 3 7 | 4 7 | 5 7 | 6 7 | 7 7
0 8 | 1 8 | 2 8 | 3 8 | 4 8 | 5 8 | 6 8 | 7 8 | 8 8
0 9 | 1 9 | 2 9 | 3 9 | 4 9 | 5 9 | 6 9 | 7 9 | 8 9 | 9 9

20

2	2	4	7	8	1	2	8	4	8	5
1	2	1	6	7	3	0	5	5	6	2
7	6	4	0	2	3	5	6	6	1	9
9	4	5	3	4	4	1	3	5	5	1
2	4	0	9	8	8	4	7	7	3	1
7	5	7	5	6	1	0	2	2	9	8
9	6	6	8	0	8	3	9	3	7	7
8	2	7	5	0	4	0	6	3	5	2
8	0	0	6	9	4	0	9	1	9	1
3	1	6	4	9	9	0	7	8	3	3

0 0
0 1 | 1 1
0 2 | 1 2 | 2 2
0 3 | 1 3 | 2 3 | 3 3
0 4 | 1 4 | 2 4 | 3 4 | 4 4
0 5 | 1 5 | 2 5 | 3 5 | 4 5 | 5 5
0 6 | 1 6 | 2 6 | 3 6 | 4 6 | 5 6 | 6 6
0 7 | 1 7 | 2 7 | 3 7 | 4 7 | 5 7 | 6 7 | 7 7
0 8 | 1 8 | 2 8 | 3 8 | 4 8 | 5 8 | 6 8 | 7 8 | 8 8
0 9 | 1 9 | 2 9 | 3 9 | 4 9 | 5 9 | 6 9 | 7 9 | 8 9 | 9 9

21

6	4	1	4	12	7	8	8	1	2	0	3	5	9
4	8	7	4	0	7	0	5	9	11	0	1	0	4
10	11	5	9	12	7	2	4	9	6	9	5	2	2
10	11	12	7	7	1	6	10	7	3	1	0	0	0
7	1	8	10	8	12	6	4	4	2	1	2	8	6
2	9	3	5	12	7	6	9	0	9	11	5	8	3
10	8	7	3	10	0	1	0	1	11	0	7	4	2
4	1	9	3	4	6	1	2	3	11	11	12	11	2
12	12	10	12	8	11	2	6	1	6	4	6	10	10
10	8	5	5	11	1	3	3	4	8	11	5	8	3
3	7	0	1	10	11	6	2	4	7	0	7	3	5
9	0	8	8	10	5	6	10	6	11	0	12	12	12
9	12	2	12	3	5	1	10	11	3	2	9	5	2

0 0	1 1	2 3	3 6	4 10	6 8	8 10
0 1	1 2	2 4	3 7	4 11	6 9	8 11
0 2	1 3	2 5	3 8	4 12	6 10	8 12
0 3	1 4	2 6	3 9	5 5	6 11	9 9
0 4	1 5	2 7	3 10	5 6	6 12	9 10
0 5	1 6	2 8	3 11	5 7	7 7	0 11
0 6	1 7	2 9	3 12	5 8	7 8	9 12
0 7	1 8	2 10	4 4	5 9	7 9	10 10
0 8	1 9	2 11	4 5	5 10	7 10	10 11
0 9	1 10	2 12	4 6	5 11	7 11	10 12
0 10	1 11	3 3	4 7	5 12	7 12	11 11
0 11	1 12	3 4	4 8	6 6	8 8	11 12
0 12	2 2	3 5	4 9	6 7	8 9	12 12

Half-Dominoes

There are nine half-dominoes, corresponding to the numbers one through nine, placed in a three-by-three array in the grid. To help you discover what pattern they are in, the numbers along the edge of the grid represent the total number of pips that lie in that row, column, or diagonal. No half-domino can be rotated, nor can any overlap in the grid.

ANSWERS, PAGE 110

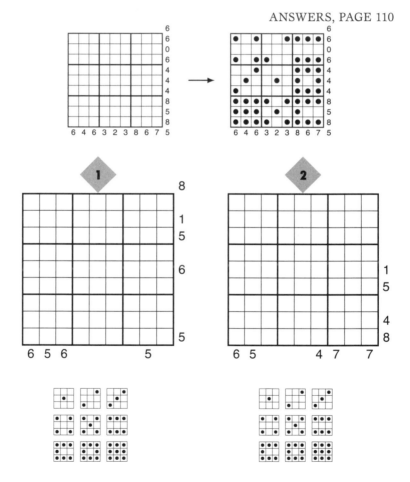

3

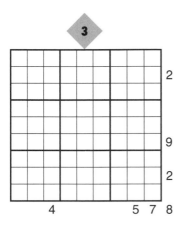

2
9
2

4   5 7 8

4

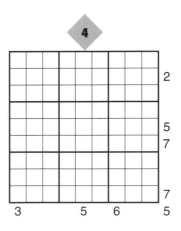

2
5
7
7

3   5   6   5

5

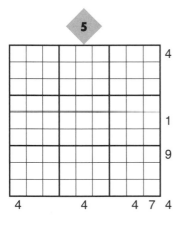

4
1
9

4   4   4 7 4

6

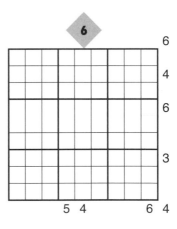

6
4
6
3

5 4   6 4

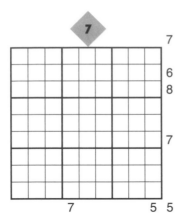

7

7
6
8

7

7   5 5

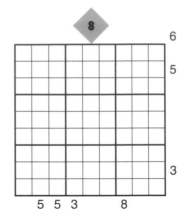

8

6

5

3

5 5 3   8

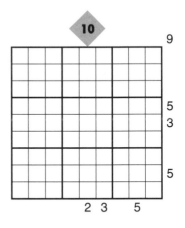

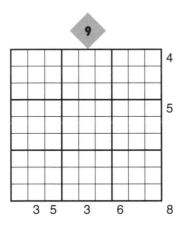

9

4

5

3 5   3   6   8

10

9

5
3

5

2 3   5

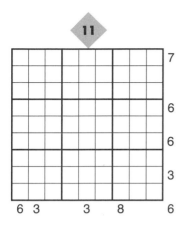

11

7
6
6
3

6 3   3   8   6

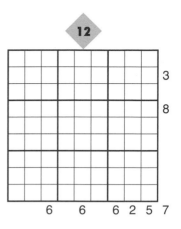

12

3
8

6   6   6 2 5 7

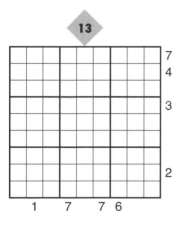

13

7
4
3
2

1   7   7 6

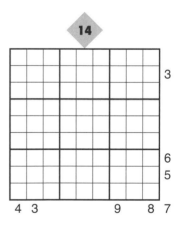

14

3
6
5

4 3   9   8 7

Tents

The grids below represent a campground where a number of people are camping. Every tree has exactly one tent tied to it in a horizontally or vertically adjacent cell. The numbers along the edges of the grid indicate the number of tents located in that row or column. In addition, no tent is adjacent to any other tent, even diagonally. Where have all the campers set up their tents?

ANSWERS, PAGE 111

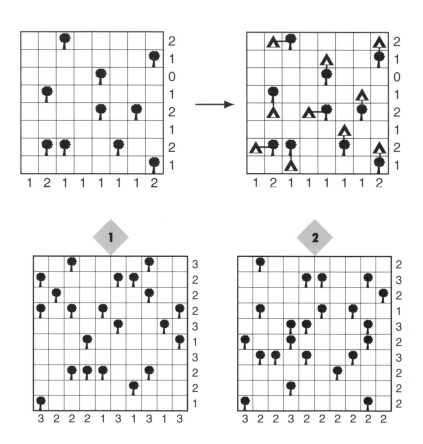

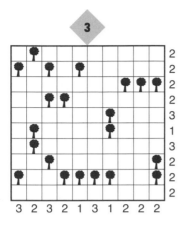

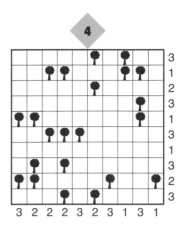

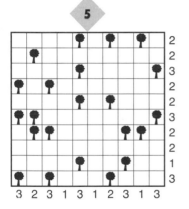

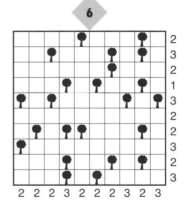

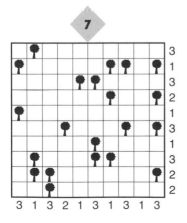

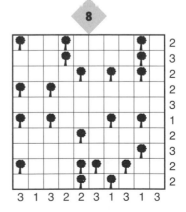

ANSWERS

Black and White

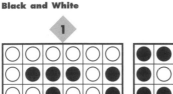

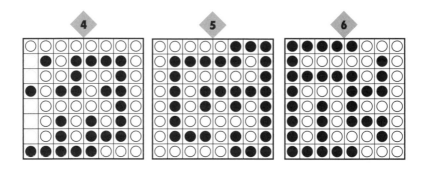

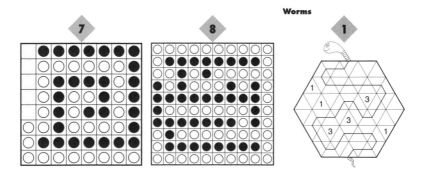

Worms

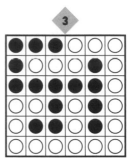

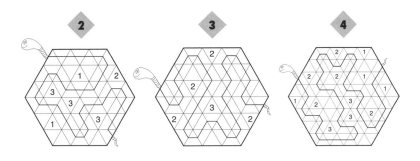

Minesweeper

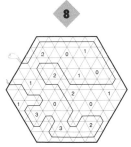

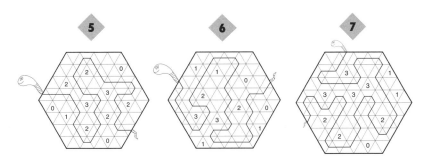

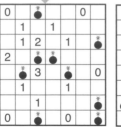

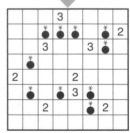

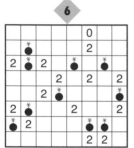

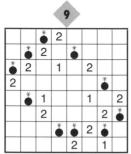

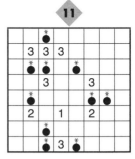

12

13

14

15

16

17

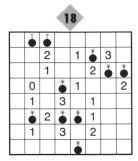

18

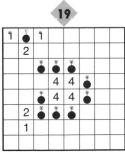

19

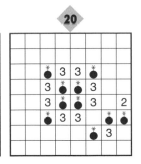

20

Lighthouses

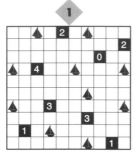

1

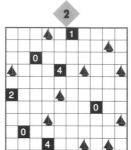

2

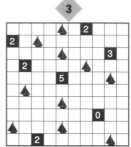

3

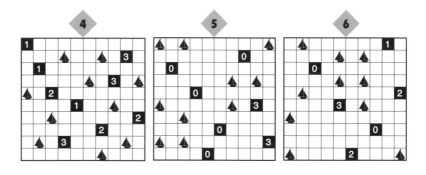

4

5

6

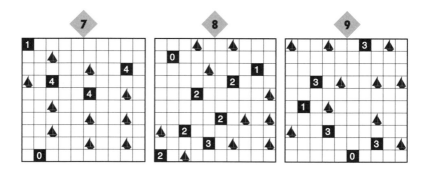

7

8

9

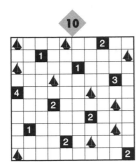

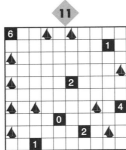

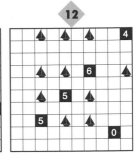

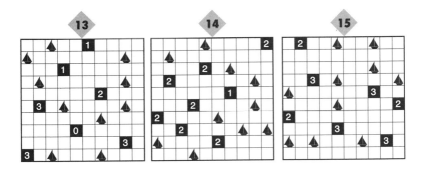

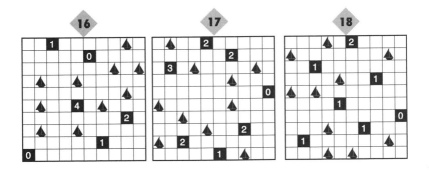

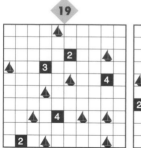

19

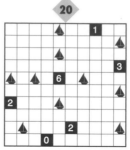

20

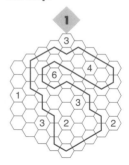

1

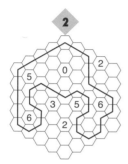

2

3

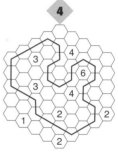

4

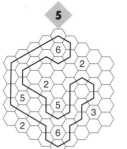

5

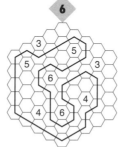

6

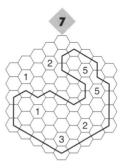

7

Square Routes

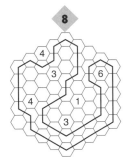

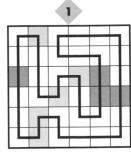

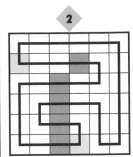

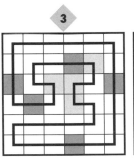

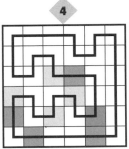

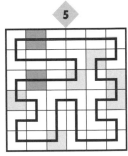

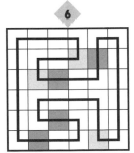

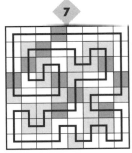

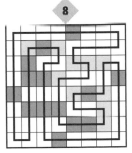

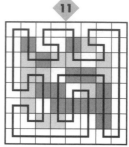

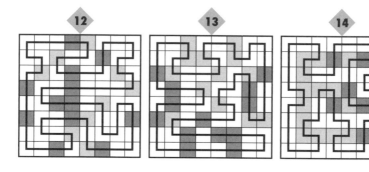
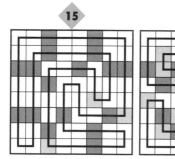
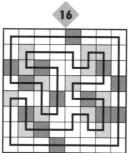

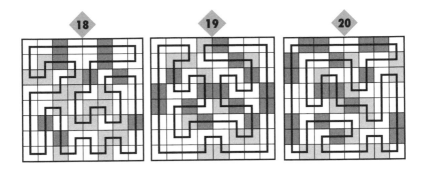

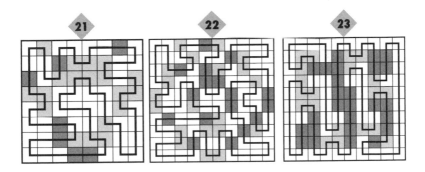

Spokes

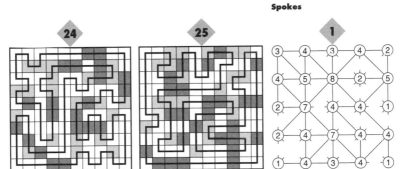

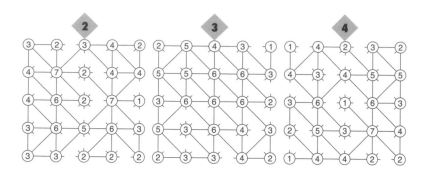

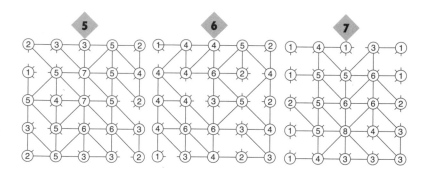

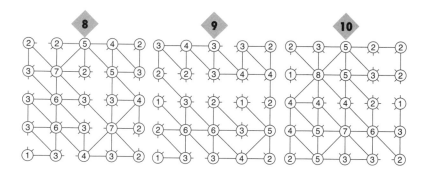

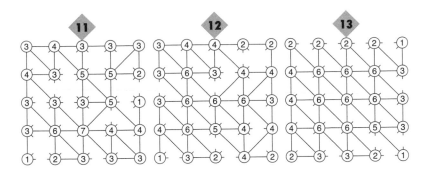

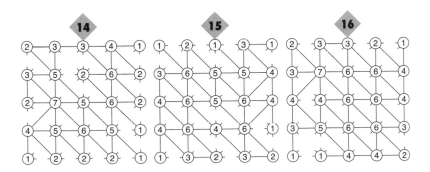

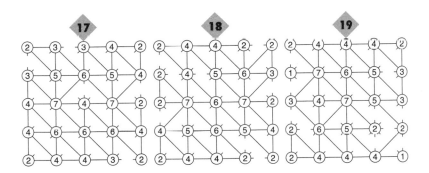

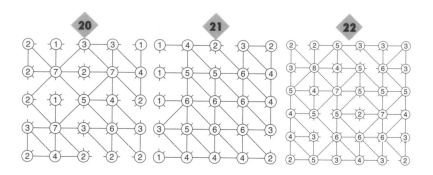

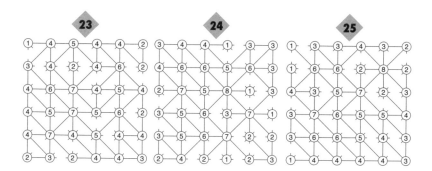

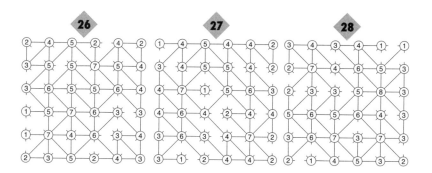

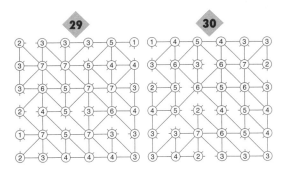

Battleships

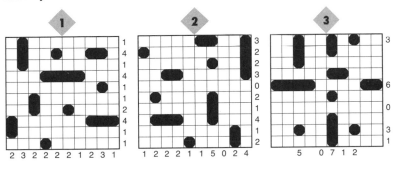

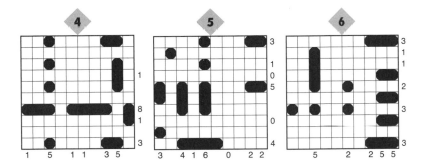

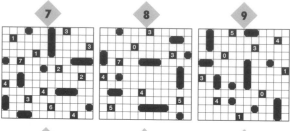

Puzzles 7, 8, 9, 10

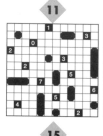

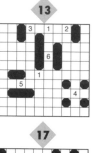

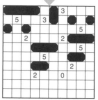

Sudoku

1

5	3	1	2	4	6
1	2	6	4	3	5
6	4	5	3	2	1
3	6	4	1	5	2
4	5	2	6	1	3
2	1	3	5	6	4

2

3	2	4	6	5	1
5	6	1	2	4	3
1	4	3	5	6	2
2	5	6	3	1	4
4	3	5	1	2	6
6	1	2	4	3	5

3

1	2	6	4	7	3	5
7	6	5	1	3	2	4
3	5	4	7	2	6	1
6	4	3	2	5	1	7
5	7	2	6	1	4	3
4	1	7	3	6	5	2
2	3	1	5	4	7	6

4

5	6	7	4	8	2	3	1
4	2	1	3	5	7	6	8
8	7	2	6	1	3	5	4
3	8	6	7	2	1	4	5
2	1	3	5	4	8	7	6
1	4	5	8	7	6	2	3
7	3	4	1	6	5	8	2
6	5	8	2	3	4	1	7

5

4	8	7	1	5	3	6	2
5	6	3	4	2	1	7	8
2	5	1	7	8	6	3	4
1	4	2	3	6	7	8	5
8	7	6	2	1	4	5	3
6	3	8	5	4	2	1	7
7	1	4	8	3	5	2	6
3	2	5	6	7	8	4	1

6

7	4	5	8	6	1	2	3
6	1	3	4	2	7	5	8
8	2	4	1	5	3	7	6
2	5	1	7	3	6	8	4
1	7	6	3	8	2	4	5
4	3	8	6	7	5	1	2
5	6	7	2	4	8	3	1
3	8	2	5	1	4	6	7

7

3	2	1	7	5	8	6	4
8	5	4	6	3	1	7	2
6	7	5	2	8	4	1	3
7	3	8	4	1	6	2	5
1	4	6	5	2	3	8	7
4	1	2	3	6	7	5	8
2	8	7	1	4	5	3	6
5	6	3	8	7	2	4	1

8

6	4	7	3	2	5	8	1
2	1	3	8	5	4	7	6
8	7	1	6	4	3	5	2
5	8	4	7	1	2	6	3
3	5	2	4	6	7	1	8
1	3	6	2	7	8	4	5
4	6	8	5	3	1	2	7
7	2	5	1	8	6	3	4

9

7	3	4	1	8	5	6	2
8	6	2	5	4	7	1	3
5	4	7	6	2	1	3	8
1	5	8	3	7	6	2	4
2	1	3	8	5	4	7	6
4	2	6	7	3	8	5	1
6	8	5	2	1	3	4	7
3	7	1	4	6	2	8	5

10

7	2	9	8	4	1	5	3	6
8	4	1	5	6	3	2	9	7
5	3	6	7	2	9	8	4	1
3	8	7	1	9	4	6	2	5
9	6	4	2	8	5	7	1	3
2	1	5	3	7	6	4	8	9
6	5	3	4	1	8	9	7	2
4	9	2	6	3	7	1	5	8
1	7	8	9	5	2	3	6	4

11

6	5	2	4	7	1	9	8	3
8	4	9	2	3	6	1	5	7
1	3	7	8	9	5	2	6	4
5	8	3	7	1	4	6	9	2
4	9	6	5	2	3	7	1	8
2	7	1	9	6	8	4	3	5
7	1	5	6	8	2	3	4	9
3	2	4	1	5	9	8	7	6
9	6	8	3	4	7	5	2	1

12

2	3	5	9	6	7	4	8	1
8	1	6	2	4	3	7	9	5
7	4	9	1	8	5	6	2	3
5	2	4	3	9	6	1	7	8
9	8	3	5	7	1	2	6	4
1	6	7	4	2	8	3	5	9
6	5	8	7	3	4	9	1	2
3	7	2	8	1	9	5	4	6
4	9	1	6	5	2	8	3	7

13

5	6	9	3	8	1	4	7	2
8	3	1	7	4	2	9	6	5
2	4	7	5	9	6	3	1	8
1	5	4	9	2	7	6	8	3
3	7	6	1	5	8	2	4	9
9	8	2	6	3	4	1	5	7
4	1	5	2	7	3	8	9	6
6	9	3	8	1	5	7	2	4
7	2	8	4	6	9	5	3	1

14

4	9	2	8	3	7	5	1	6
1	6	3	5	4	2	7	8	9
8	5	7	9	1	6	4	2	3
7	4	9	3	8	1	6	5	2
6	3	1	2	7	5	8	9	4
2	8	5	6	9	4	3	7	1
9	2	6	7	5	3	1	4	8
5	1	8	4	6	9	2	3	7
3	7	4	1	2	8	9	6	5

15

4	2	6	5	7	9	8	1	3
8	7	1	2	6	3	5	4	9
3	5	9	4	1	8	6	7	2
5	4	8	7	9	2	3	6	1
1	9	7	6	3	5	4	2	8
2	6	3	8	4	1	7	9	5
7	3	5	9	2	4	1	8	6
9	1	4	3	8	6	2	5	7
6	8	2	1	5	7	9	3	4

16

9	3	1	2	4	8	5	7	6
7	8	2	5	1	6	9	3	4
6	4	5	7	3	9	1	2	8
8	7	9	3	6	4	2	5	1
2	1	6	8	7	5	4	9	3
3	5	4	1	9	2	6	8	7
1	2	8	6	5	7	3	4	9
4	6	7	9	2	3	8	1	5
5	9	3	4	8	1	7	6	2

17

7	8	4	1	6	2	3	9	5
3	2	9	8	5	4	1	6	7
6	1	5	9	7	3	2	4	8
9	5	3	6	1	8	4	7	2
8	7	2	4	3	5	9	1	6
1	4	6	7	2	9	8	5	3
4	3	7	2	9	6	5	8	1
5	6	8	3	4	1	7	2	9
2	9	1	5	8	7	6	3	4

18

1	4	8	6	7	5	2	3	9
5	7	2	9	3	1	8	4	6
9	3	6	8	2	4	5	1	7
8	1	5	2	9	6	3	7	4
6	9	7	4	8	3	1	2	5
3	2	4	5	1	7	9	6	8
4	8	9	1	6	2	7	5	3
2	5	3	7	4	9	6	8	1
7	6	1	3	5	8	4	9	2

19

7	5	4	1	2	3	8	6	9
8	2	6	9	4	5	7	3	1
3	4	1	8	9	6	5	2	7
2	8	5	6	7	9	1	4	3
9	1	7	3	8	4	2	5	6
6	7	3	5	1	2	4	9	8
4	3	8	2	6	1	9	7	5
1	6	9	4	5	7	3	8	2
5	9	2	7	3	8	6	1	4

20

9	2	3	7	1	8	6	4	5
7	4	8	6	5	9	2	1	3
1	7	5	4	3	6	9	2	8
5	9	4	2	8	3	1	7	6
3	6	2	1	9	7	5	8	4
8	3	1	5	6	4	7	9	2
6	8	7	9	2	5	4	3	1
4	1	6	8	7	2	3	5	9
2	5	9	3	4	1	8	6	7

21

5	6	8	3	7	4	2	9	1
7	2	3	1	5	6	9	8	4
9	7	4	2	1	8	3	6	5
1	4	5	9	3	2	8	7	6
3	9	6	8	4	1	5	2	7
8	1	2	5	6	7	4	3	9
4	3	9	6	2	5	7	1	8
2	5	1	7	8	9	6	4	3
6	8	7	4	9	3	1	5	2

22

1	2	6	5	8	4	3	7	9
3	5	4	7	9	2	8	6	1
7	4	1	3	2	5	9	8	6
6	8	9	2	3	1	7	4	5
5	7	8	9	4	6	1	2	3
9	1	2	8	5	7	6	3	4
4	6	3	1	7	9	2	5	8
8	9	7	4	6	3	5	1	2
2	3	5	6	1	8	4	9	7

23

2	8	5	1	7	6	9	4	3
3	9	2	6	4	7	5	1	8
4	5	8	9	3	2	1	6	7
6	7	1	4	5	9	3	8	2
1	3	6	7	2	8	4	5	9
5	2	9	3	6	1	8	7	4
8	4	7	2	9	5	6	3	1
9	1	3	5	8	4	7	2	6
7	6	4	8	1	3	2	9	5

24

1	8	4	7	5	6	9	2	3
3	2	9	1	6	5	8	7	4
9	4	8	2	3	1	7	6	5
5	6	7	3	8	4	2	1	9
2	5	1	6	7	9	4	3	8
8	9	6	5	1	2	3	4	7
4	7	3	9	2	8	1	5	6
7	1	5	4	9	3	6	8	2
6	3	2	8	4	7	5	9	1

25

6	3	2	8	5	9	7	1	4
1	2	4	9	7	5	6	3	8
8	9	6	3	1	2	4	7	5
7	4	5	1	8	6	3	9	2
4	5	9	7	2	3	1	8	6
2	1	7	5	9	4	8	6	3
3	6	8	2	4	1	9	5	7
9	7	3	4	6	8	5	2	1
5	8	1	6	3	7	2	4	9

26

3	9	4	8	6	5	7	2	1
7	2	5	3	1	6	9	4	8
8	5	9	7	2	3	1	6	4
4	1	6	2	3	9	8	7	5
5	8	1	6	7	4	2	3	9
6	3	2	1	5	8	4	9	7
9	4	7	5	8	2	3	1	6
2	7	8	4	9	1	6	5	3
1	6	3	9	4	7	5	8	2

27

2	6	5	8	7	9	3	4	1
4	1	3	9	6	5	8	7	2
8	9	1	2	4	6	7	3	5
3	5	7	4	2	8	1	9	6
5	3	6	7	9	1	2	8	4
9	2	8	6	5	3	4	1	7
1	7	4	3	8	2	6	5	9
7	8	2	5	1	4	9	6	3
6	4	9	1	3	7	5	2	8

28

5	1	4	8	2	3	7	6	9
7	6	8	4	9	1	3	2	5
9	3	2	6	7	5	1	4	8
6	2	5	7	8	4	9	3	1
1	7	3	9	5	2	4	8	6
4	8	9	3	1	6	5	7	2
3	9	7	1	6	8	2	5	4
8	5	1	2	4	7	6	9	3
2	4	6	5	3	9	8	1	7

29

2	9	8	6	1	4	3	7	5
1	3	5	2	7	6	4	9	8
5	4	1	3	9	7	8	2	6
7	8	6	4	3	5	9	1	2
4	6	9	7	2	8	5	3	1
8	5	3	9	6	1	2	4	7
9	7	2	8	5	3	1	6	4
6	2	4	1	8	9	7	5	3
3	1	7	5	4	2	6	8	9

30

5	3	4	6	9	1	2	8	7
4	9	8	3	5	7	6	1	2
9	1	7	2	8	3	5	4	6
7	5	6	1	2	8	9	3	4
2	6	1	9	3	4	7	5	8
8	4	3	5	7	6	1	2	9
3	7	5	4	6	2	8	9	1
6	2	9	8	1	5	4	7	3
1	8	2	7	4	9	3	6	5

Alternate Corners

1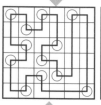

2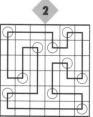

3

4

5

6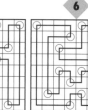

7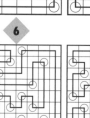

8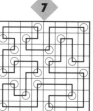

9

10

11

12

Rain Clouds

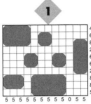

1
4 6 8 2 6 6 2 8 8 5
5 5 5 5 5 5 5 5 0 5 5

2
5 5 0 8 8 5 5 7 7 2
5 5 6 3 3 5 2 5 5 5 5 3

3
0 5 7 5 5 2 5 7 4 4
0 4 4 3 7 4 8 4 3 5 2 2

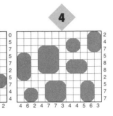
4
2 4 7 5 8 8 2 5 7 7
4 6 2 4 7 7 3 4 4 5 6 3

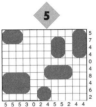
5
5 7 4 4 0 4 8 4 6 2
5 5 5 3 0 2 4 5 5 2 4 4

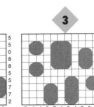
6
5 8 8 6 6 0 4 4 3 3
2 6 6 4 0 5 5 2 7 5 5 0

7
4 4 4 5 3 5 5 6 8 2
3 5 5 2 0 3 7 4 4 7 3 0

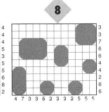
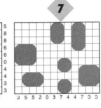
8
3 3 7 6 6 4 4 2 6 6
4 7 3 3 6 2 3 3 2 5 5 5

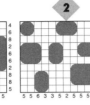
9
8 8 5 0 4 6 2 8 8 5
2 2 2 4 4 4 5 6 8 5 6 6

10
2 5 5 8 3 5 7 4 7 3
2 4 6 8 2 5 3 6 3 2 4 4

11
0 4 6 8 4 2 6 5 6 3
4 4 0 4 6 2 5 3 7 7 4 2

12
2 6 7 9 5 2 2 7 7 2
3 5 5 5 2 5 5 2 4 7 3 3

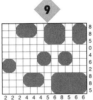
13
8 8 0 0 0 9 3 6 8 5
3 8 5 8 5 2 4 6 6 2 5 5

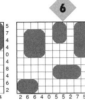
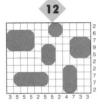
14
6 8 4 0 7 1 2 8 6 3
4 7 3 3 3 7 4 4 6 6 2 2

15
4 4 2 5 5 8 4 10 10 4
2 4 4 0 5 5 5 0 9 9 4 4

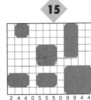
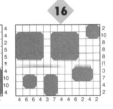
16
2 10 8 8 8 0 0 7 4 2
4 6 6 4 3 7 4 4 6 2 4 2

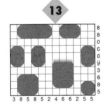

17
2 6 9 5 5 3 5 2 3 3
2 4 4 6 2 7 5 2 2 3 3 3

18
3 3 4 8 8 2 8 8 6 6
3 6 6 3 3 4 6 8 2 2 5 5

19
5 5 5 2 7 5 6 3 9 6
2 7 5 8 5 3 2 7 5 3 3 3

20
3 5 8 6 0 5 5 9 9 4
0 4 6 2 5 3 7 7 4 4 6 6

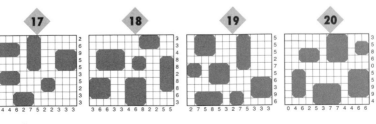

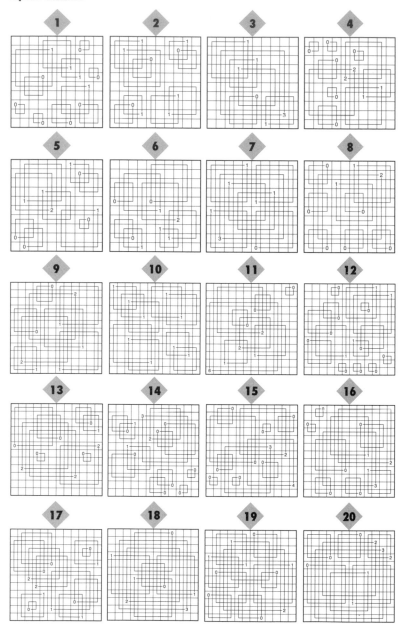

Fences

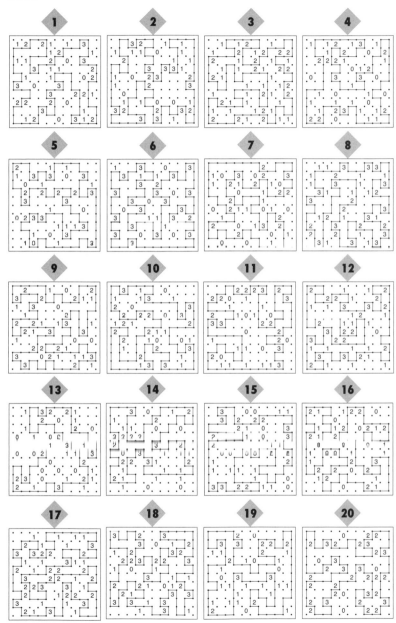

Snaky Tiles

1   2   3   4

5   6   7   8

9   10   11   12

13   14   15   16

17   18   19   20

21

		6			
7	6	5		5	6	7
		6		6	
		7			
5	5				6
7	6			7	
4	7	5		6	
		4			5

22

5	5	4			4			4
			4	14				
	5	5						
		14		4		8	
	4		8		4	
5		4	6			
		5		14	6	4	14
4	5					
	14		5	4	
4	14				

23

9	7			5			9
	5		7		8	
5			7		5	
	6				8
	4		7	5	
	9		6	
5		4		5		9	6
6	6	5		6		7
				6	
6			7		5		5

24

7	5		7	7		
		5		5		7
		7		5	
7	7	7		7	7	5	7	7
		7		7	
	7	5		5		5
			7		5
7	7	5	7		5	
		5	7		

25

	6	5		5	5		5
6	7		7			7
7						4
	4		4		7	
6		5	6		7	4
	4					4
	4	5	5			6	4
6	7		5	6	5	
		5		7	
	7	7				6

26

		7		5	
7		8			7
			5	
5	32		5		9
	8			7
		4	6		
5	4		7	5	
			9	5	
4		5		32	6
	7			

27

	8	6		7	
8			6			7
8					
		5		6	6	6		7
8	5		6		7	7
	5	4		10	
		4		7
	4	5			7		5
4					7
	10	5		5		5

Cross Sums 1

	3	6	1	2		5	1	4	2
	5	7	3	6	1	8	2	9	4
	8	9		1	2	6		8	1
	7	8	9	5		9	8	7	3
	2	6				4	1	
	5	1	4	2		5	9	6	8
	9	5		1	4	1		3	4
	7	3	1	6	8	2	4	5	9
	8	4	7	9		3	1	2	6

2

9	5				9	4	1	2
3	1	2		9	8	6	4	7
7	4	8	9	5	6	2		
	9	7	8	3	5	1	2
3	7	1				7	4	9
2	9	6	8	1	7	3	
	4	6	5	8	1	2	3
1	3	5	9	2		8	3	1
2	1	3	7				9	6

3

	7	9		5	7	1		
1	5	3		6	3	4	1	7
2	8	6	5		8	6	3	9
3	9		7	3	9	8	6
	1		1	4	2		
	4	1	9	2	5		9	2
7	1	2	6		4	9	8	5
9	6	5	8	7		2	4	1
		4	3	1		4	7

4

1	3			9	6	5		
8	9	7		1	2	4	3	7
2	6	4	9		1	2	6	4	3
4	1	7	2	3		7	9	5
	9	8	6		1	2	8	
3	5	6		1	2	5	
9	5	8		2	6	7	8	1
	4	1	2	4	8	3	4	2	1
	2	6	1	3	7		1	3	2
		2	5	6			9	4

5

5	7	5	1		8	2	9	2
9	9	8	5		9	9	5	9	2
2	1	5	1		5	1	2	1
7	7		1	6	6		9	5
2	3	4	7	1	9	5	6	2
	9	9	5		1	1
4	9	1	4		9	3	2	3
4	5	1	5		5	3	1	1
8	9	3	9		9	9	3	4

6

			3	3	6			1	1	5
8	3	9	7	9		7	7	9	4
5	2	5	7	9	3		1	1	8	2
								4	4	4
	8	6	3	9	8	2		
	2	5	2		7	5	5
	2	8	7	6	6	5	
1	1	3		6	6		1	5	5
1	9	4	4		9	8	9	6	4	7
5	7	5	8		8	9	1	5	5
	1	1	4		3	2	2

End View 1

	A		C		
	C			A	B
A	A		B	C		C
C			D		A
	B		A	C		C
A		A	C		B	
	B	A			C	C
	B	A		B	

2

				C		C
C	C	B	A			
		A		C	B		B
D			A		C
C		C	B			A
A					C	B
C		C	B	A		A
A		C	A		

3

			B	C	A		A
		B			C	A
				A	B	C
A	A		C	D			D
B	B	C	A			A
	C		B		A		A
A		A		C		B	B
		A			A	

4

			B	B	A
	C	B			A
A		A	B		C
	B	C	A		
C			C	B		A
A				A	B	C	C
	A			C		B
		C	C	C		B

5

		C				C
A			A	C	B		B
	B			A		C
C		C	B			A
	C	A				B
A	B			C	
C			C	B	A		A
	A			A	

6

		B			B
		B		A	C		C
B	A	C				C
	C		B	A		A
A			A	C		B
A	A		B			C
	B	C			A
C	C		A			B
	B		C	C		

7

		A	C	C	
A				C	B		B
C			C	B		A
	B				A	C
			A	C	B	B
C		C	A	B			B
C	C	A	B		
B		C	A			A
	A		A		B

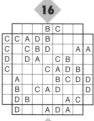

8

	A			C		A	
	B			C	A	A	
C		C	B	A		A	
	A				C	B	
B				B	A	C	
	C		A		B		
A		A	B	C			
B	B	C		A			A
		B		B	B		

9

C	B		C		C	B	
C				A	B		
A		A		B	C	C	
B		B	C		A		
A		A	C	B			B
B		A		C			
A	C			B			
B			B		C	A	A
A			A		A	A	

10

C			C		B		
	B	A	C				
C		C	B	A			A
C	C	A			B		
C				C	B	A	A
C		C	B	A			A
	A					C	B
	B				A	C	
	A			A	A		

11

					C		
A		A	B	C		D	
A	A	B	C	D			D
D	C		C	A	B		B
	D			B	C	A	
B	B		A		D	C	C
	C		D		A	B	
	C		D	B		B	

12

		A	C	B	A		
B	B	D		C		A	
		C	A		B	D	
D	D	A	B		C		C
	A		C	D		B	
D			D	B	A	C	
	C	B		A	D		D
	B	D		D			

13

	C	D		A			
C		D		A	B	B	
B	B	C	A	D			D
	D	B		C	A	A	
D	D	A	C	B			B
B		B		A	D	C	
A				C	B	D	
		C	C		D		

14

		D			D		
C		A	B			D	D
B	B	D	C	A			
B		B		C	D	A	A
	C	D		A	B		
D	D	A			B	C	C
	A		B	D	C		
		B		C	C		

15

	B			A			
A		A	B		C	D	D
	B		C	A	D		
A	D		C			B	B
C	B	A	D				D
D	D			B	A	C	
C		C	D		B	A	
	C						

16

		B	C				
C	C	A	D	B			
C		C	B	D		A	A
D		D	A		C	B	
C			C	A	D	B	
	A			B	C	D	D
B		C	A	D			D
D	B				A	C	
D			A	D	A		

17

C		D		B			
A		A	D	C		B		B
B			B	D		A	C	
A			A		B	C	D	D
C			B	A	D		D
B	C			D		A	
A	D			C		B	
D	B	C	A				A
	B			C		B	

18

	C	D	D	B		A	
D			D		B	C	A
	A		B		D	C	C
C		C	A	D		B		B
A		A	C	B		D	
B	B			C	D	A	
	D	B		A	C		C
C	D			A		B	
C	D	C			A		B

19

	C		D		B		B
A		A	D		B	C		C
C	B			D	A		A
D	D		C	A			B
C		C	A	B			
A		B			D	C	
D		D		C	A	B		B
B			D	C		A	A
	D	B		C	B		

20

	A		C	A	C	C	D
	A	B				C	D
	D			A	C	B		B
A		A	C	B	D		
C	C			D	B	A	
B			B	C	A	D		D
B	B	D	A				C
C		C	D			A	B
	B			C	A	A	

21

			E		A		
D	B			C	A	E	E
B	B	B	D		E		C	A
	D		A	B	D	E		C
	C		E	B	A		D	D
A			A	C	D	E	B	B
E	E	C	D	A		B		B
A	A	E	C		B	D		D
	E		A	B		B	

22

B	E				C		
B	E		D		C	A	A
C	C	D		B	E	A		A
D	B	E	A	C			C
A			A	E	D	B	C	
E		C		A	D	B	B
A		A	B	C		E	D
A	A	C	D		B		E	E
	C		C	B	E		

23

D				B	C		
D	A	E			C	B	
A	C		D	B	E		E
E	D	B		A		C	
B		B	A	E	C		D	D
B	B	E		C	D	A		A
C			C	B	E	D	A	A
C		D	A		B	E	
E			A	E	B	E	

24

		D	D	E	E		
B	A		D		E	C	
A	A		D	C	E	B	
C		C	B	E	A	D	
	E	D			C	A	B	B
A			A	B	D	C	E	
C	C	B	E	A			D	D
D	D	E	C		B		A	A
		C	A		C		

25

	E		C	D			
D	D	E	B			A	C
B		B	A	C		E	D
	A			B	D	C	E	E
E	E	A	C	D	B			B
	C			A	E	D	B	B
B	B	C	D	E	A			A
D		D	E		C	B	A
		E	E	C		A	

26

	E	C	C	A	B		B
F	E		C	A		D	B
C	C	A		E	F	B		D
E	E	D	C	B		F	A	A
F		F	B	D	C	A	E	
B		D	F		E	C	A	A
E		E	A	D	C	B	F	F
A	B	F		E	D		C
D	D	C	A		B		F	E
	C	A	A		D		E

27

	F	B	F		C	E	
A	F			D	C	E	B	B
F	F		B	E	A	C	D
C		C	A	F	B	D		E	E
D	D	A	F	E	C	B			B
	B		E	D	F		A	C	C
D		D	C	B	A	E	F	
E	E	B		C		F	D	A	A
C	C	E	D	A			B	F	F
	E		A	A	F		

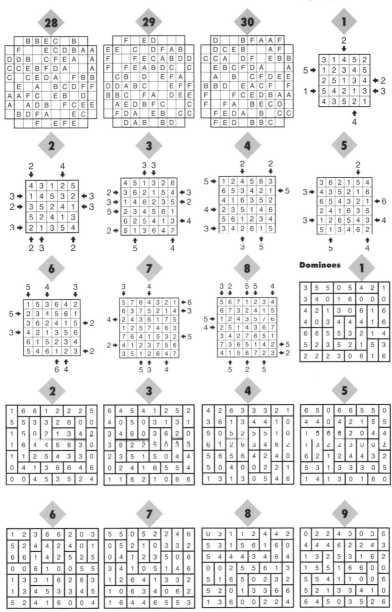

Skyscrapers

Dominoes

10

2	6	2	3	4	4	5	5
1	3	0	0	3	3	6	6
0	5	1	5	5	2	3	4
4	6	4	2	6	0	0	6
1	6	4	3	5	1	1	3
1	2	1	4	1	3	2	4
0	0	6	2	0	5	2	5

11

0	1	1	2	4	3	6	1
6	6	4	4	3	0	0	6
4	5	2	5	1	2	0	4
6	6	2	0	1	3	3	1
5	2	3	1	6	6	3	2
5	2	1	5	5	2	5	1
4	0	0	5	4	3	5	3

12

1	6	3	0	0	0	6	1
5	6	0	1	4	4	3	0
6	5	5	3	1	4	6	2
1	2	4	5	1	3	6	2
1	3	6	2	2	1	2	5
4	5	4	2	0	5	4	0
2	3	3	3	5	6	0	4

13

1	1	0	3	0	5	4	1
0	4	2	6	1	5	5	1
6	4	3	4	3	6	0	0
1	5	3	2	3	6	1	6
2	6	6	3	2	5	5	3
0	5	0	3	4	0	2	1
2	2	2	6	4	5	4	4

14

4	1	5	2	2	5	0	6
4	0	2	5	1	1	0	4
3	6	2	4	6	1	5	0
5	4	3	5	6	0	3	3
6	3	4	5	5	2	4	6
0	2	4	2	1	6	6	2
1	3	1	1	0	0	3	3

15

6	0	2	3	1	5	3	3
6	4	4	6	1	6	2	1
5	5	5	6	2	2	0	2
6	2	5	5	1	6	3	3
0	4	3	4	3	6	0	0
4	2	5	0	1	1	0	1
4	2	0	1	3	4	5	4

16

6	5	4	1	3	5	0	4
0	1	5	0	0	5	2	4
1	4	6	1	5	5	3	4
1	5	2	0	2	4	3	0
6	2	1	1	2	6	5	2
4	2	3	0	4	3	3	3
6	6	6	0	6	2	1	3

17

1	6	4	6	6	5	6	3
1	1	2	6	2	5	5	2
5	3	3	6	0	3	2	3
4	0	3	1	5	2	2	4
3	1	3	4	0	0	5	1
0	0	4	1	0	4	4	6
4	2	2	1	5	5	6	0

18

3	3	1	4	1	3	2
5	3	1	1	2	2	3
6	6	4	5	2	3	0	0
2	6	4	5	0	1	0	4
5	6	4	5	0	4	6	5
4	3	0	1	6	2	6	4
2	6	0	5	5	3	1	0

19

6	2	0	8	2	1	5	6	9	1	5
5	6	6	3	5	8	4	6	9	1	4
7	7	7	7	9	0	8	6	4	8	3
0	8	9	3	4	7	0	6	2	1	2
0	4	4	0	4	0	1	5	4	5	0
9	1	6	1	1	3	3	7	7	2	7	4
5	9	4	6	8	0	1	6	1	9	3
8	9	7	9	5	6	8	3	9	9	1
3	2	2	2	0	5	7	8	2	3	3
3	2	7	3	2	5	1	8	5	4	0

20

2	2	4	7	8	1	2	8	4	8	5
1	2	1	6	7	3	0	5	5	6	2
7	6	4	0	2	3	5	6	6	1	9
9	4	5	3	4	4	1	3	5	5	1
2	4	0	9	8	8	4	7	7	3	1
7	5	7	5	6	1	0	2	2	9	8
9	6	6	8	0	0	8	3	9	3	7	7
8	2	7	5	0	4	0	6	3	5	2
8	0	0	6	9	4	0	9	1	9	1
3	1	6	4	9	9	0	7	8	3	3

21

6	4	1	4	12	7	8	1	2	0	3	5	9
4	8	7	4	0	7	0	5	9	11	0	1	0	4
10	11	5	9	12	7	2	4	9	6	9	5	2	2
10	11	12	7	7	1	8	10	7	3	1	0	0	0
7	1	6	10	8	12	6	4	4	2	1	2	8	6
2	9	3	5	12	7	6	9	0	9	11	5	8	3
10	8	7	5	10	0	1	9	4	11	9	7	6	3
4	1	9	3	4	6	1	2	3	11	11	12	1	2
12	12	10	12	8	11	2	6	1	6	4	6	10	10
10	8	5	5	11	1	3	3	4	8	11	5	8	3
3	7	0	1	10	11	6	2	4	7	0	7	3	5
9	0	8	8	10	5	6	10	6	11	0	12	12	12
9	12	12	3	5	1	10	11	3	2	9	5	2

Half-Dominoes

1
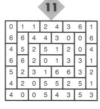

2
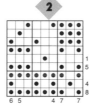

3
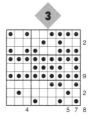

4
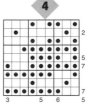

5
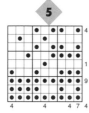

6
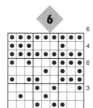

7
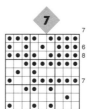

8
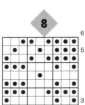